逆境を乗り越える

渋沢栄一の言葉

桑原晃弥

天命に身を委ね コツコツとくじけず勉強する

渋沢栄一に関する話題が尽きません。2021年のNHK大河ドラマは渋沢を主人公にした「青天を衝《つ》け」が予定されていますし、2024年度からは新1万円札の顔としても登場します。これまでも渋沢は紙幣の顔として何度も候補にのぼっていますが、当時は偽札予防ということもあり、「髭がない」という理由で実現しませんでしたが、「日本の資本主義の父」として満を持しての登場と言えます。

それにしてもなぜ今、渋沢がこれほど脚光を浴びているのでしょうか？

理由は混迷する時代の中で自らの志を貫いた渋沢の生き方にあります。

渋沢が約500もの企業の設立や運営に関わったことはよく知られていますが、それ以上に注目すべきは約600とも言われる教育機関や社会公共事業の支援を行ったことや、悪化の一途《いっと》を辿っていた日米関係を改善するために高齢の身を押して幾度も渡米するなど民間外交に力を注いだことではないでしょうか。

こうした活動が認められ、ノーベル平和賞の候補に2度も選ばれています。渋沢ほど世界に目を向けた活動をする一方で、弱い立場の人たちに目を向け、かつそれを生涯実行し続けた企業家は世界でも稀有な存在と言えます。

偉大な企業家にして、偉大な社会事業家でもあった渋沢は自分の人生を自らが設立に関わった富岡製糸場が扱っていた蚕の繭《まゆ》にたとえてこう表現しています。

「自分の身の上は、初めは卵だったが、あたかも脱皮と活動休止期を4度も繰り返し、それから繭になって蛾になり、再び卵を産み落とすようなありさまで、24、5年間にちょうど4回ばかり変化しています」

渋沢は1840年、今の埼玉県深谷市の豪農の家に生まれています。幼い頃から四書五経を初めとする日中の古典を学び、12歳の頃からは剣術の稽古にも励んでいます。学問が好きで、剣術にも優れた才能を発揮する少年でしたが、14、5歳の頃からは「そろそろ農業や商売にも身を入れてもらわなければ困る」という父親の教えもあり、若くして商売にも優れた才覚を発揮しています。

世の中が太平であれば、渋沢はこのまま豪農の跡取りとして人生を送ることになったはずですが、黒船来航（1853年）や桜田門外の変（1860年）といった社会を揺るがすような出来事が相次いだことで渋沢も国元を離れて以降は志を立てたつもりが思惑がはずれ、思いもかけない人生を送ることになりました。

渋沢が最初に目指したのは幕府打倒でしたがあえなく計画は中止、身を隠すために京へ向かったものの、なぜか本来は敵である一橋家に士官することになります。そこで力量を認められた渋沢は１８６７年１月、徳川民部《みんぶ》大輔《たいふ》随員《ずいいん》としてフランスへ渡ったものの、同年11月9日に徳川慶喜が大政奉還を行ったため、自らが寄って立つはずの幕府そのものが崩壊しています。

ここまでは初志貫徹どころか、まさに挫折や計算違いの連続です。時代に翻弄されるばかりで志を果たすどころではありません。普通の人ならこれだけ目算が狂えば自暴自棄になってもおかしくないところですが、渋沢の逆境への対処法は、その逆境は「人のつくった逆境」か「人にはどうしようもない逆境」であるかを見極めたうえでどうするかを考えるというものです。

自分に責任のある逆境は反省するほかありませんが、歴史の転換点のような人にはどうしようもない逆境にあっては「天命に身を委ね、腰をすえて来たるべき運命を待ちながらコツコツとくじけず勉強する」ほかありません。大政奉還が行われた時フランスに滞在していた渋沢はヨーロッパに繁栄をもたらしている資本主義経済に触れ、銀行の果たす役割や株式会社のありようなどを懸命に学びますが、それはまさに明治維新の日本に最も必要な知識の1つだったのです。

帰国後、静岡藩、明治政府を経て実業界に転じた渋沢は冒頭のような目覚ましい活躍をしますが、その際、最も大切にしたのが「道徳に基づいた経営」であり、「自分のことよりもまず社会を第一に考える姿勢」でした。資本主義はとかく弱肉強食の世界であり、格差を当然のように生みますが、渋沢が目指したのはそこで生まれる弱者に対しても優しい目を持つ資本主義でした。

近年、災害や流行病などのために、多くの人や企業が厳しい状況に追い込まれています。まさに「人にはどうしようもない逆境」にあるわけですが、そんな時代だからこそ渋沢の生き方を知り、その言葉に触れることは生きる勇気につながります。本書が今を生きるみなさまの支えとなればこれに優る幸せはありません。

本書の執筆と出版にはリベラル社の伊藤光恵氏、安田卓馬氏、仲野進氏にご尽力いただきました。心より感謝いたします。

桑原　晃弥

第一章　一度や二度の「挫折」でくじけるな

第二章　「仕事の疲れ」は別の仕事で癒す

第三章 「お金」はよく集め、よく使え

第四章 「尊敬できる人」と働き、「善き友」と交われ

第五章 「学び」は、生涯実践してこそ価値を持つ

第六章 現実に流されず 高く「理想」を掲げよ

第七章 人を頼らず自ら「チャンス」を掴み取れ

第八章 「逆境」は時を待ちくじけず乗り越えよ

WORDS OF EIICHI SHIBUSAWA

第一章

一度や二度の「挫折」でくじけるな

WORDS OF EIICHI SHIBUSAWA

01

人には「人徳」、企業には「社徳」が必要だ

本当の経済活動は、社会のためになる道徳に基づかないと、決して長く続くものではない。

▼『論語と算盤』

かつて韓国のサムスングループの会長がトヨタ自動車を訪ね、当時の奥田碩《ひろし》会長に「長く高収益を維持する会社になる秘訣」を尋ねたところ、奥田の答えは「社会貢献を行う『社徳のある会社』にならなければ企業は発展しない」でした。

人に「人徳」があるように、企業にも「社徳」が求められます。社徳なき会社が巨額の利益をあげると世間から批判されがちですが、社徳のある企業は尊敬され、成長し続けることができるのです。

渋沢栄一の考える経済活動も、まさにその通りでした。道徳を重んじたとしても、「経済」が「利益を少なくして、欲望を去る」必要はありません。経済活動の目的は利潤を上げ、物質的な豊かさをもたらすことです。しかし、一方で「自分さえ儲かれば」となってしまうと、「人はどうでも良い」となり、人も国もダメになります。

大切なのは「ものの豊かさを実現したい」と経済活動に励む一方で、「道理」を持つということなのです。「自分さえ良ければ」は、結果的に自分の利益さえ損ないがちです。

道理と欲望をバランスよく取ることこそが経済を発展させ、人や国を富ませることになるというのが、渋沢の信念でした。

WORDS OF EIICHI SHIBUSAWA 02

事業の成否は「出発点の確かさ」で決まる

物事はすべて出発点が肝要である。事業を計画するにあたっては、念には念を入れて、四つの諸条件を具備するや否やを見極めなければならぬのである。

▼『経済と道徳』

渋沢栄一は、生涯に500以上もの企業の設立に関わっていますが、それには何でも良いわけではなく、「4つの条件」が備わっているかを、しっかり事前に検討しなければならないと考えていました。

①計画する事業が、今の世の中に必要か？ かつ公益性を持っているかどうか？

確実に儲かる仕事でも、この条件を備えないものはやろうとしませんでした。

②計画する事業は、時代に合っているか？

いくら正しく必要な事業でも、時代に合わなければ不成功に終わります。

③資本が確実に得られる成算があるか？

「何とかなる」という漫然とした考えでは、経営はうまくいきません。

④経営者に、全責任を負い信頼に足る人物がいるかどうか？

事業の成否は「人」で決まるので、事前準備の中でも特に大切です。

渋沢はこの4つの条件についてしっかりと検討し、準備を怠らなければ、事業を始めても大丈夫と考えていました。

もちろん、渋沢自身、事業を成功させるまでにたくさんの苦労をしていますが、それができたのは事業の社会的意義などへの確固たる自信があったからで、「出発点」の確かさこそが事業をやり抜く力となったのです。

WORDS OF EIICHI SHIBUSAWA

03

独創のためには「環境の整備」に努めよ

世界の大舞台に立って活動せんとするには、何事も模倣であってはならぬ。

▼『経済と道徳』

「日本人はただ模倣の国民である」という欧米からの批判に反発して「日本人の絶対の力のみを持って一大発明を遂げよう」と奮闘、世界に誇る自動織機を発明したのが、トヨタグループの始祖・豊田佐吉です。

豊田が指摘したように、明治維新後の日本は、欧米に「追いつけ、追い越せ」と頑張りはしたものの、「独創」という点では遅れをとっていたのは事実です。渋沢栄一も同じことを懸念していました。多くの産業や企業を興すことに尽力はしたものの、「技術上に関する方面を見るに、すべてが模倣の域を脱しない状態である」と断じています。

その理由として、頭脳や技術は互角でも、研究機関が十分でなく、研究者の待遇が「よろしくない」ことを指摘しています。模倣を脱し、独創という面で欧米と伍《ご》していくうえで大切なのは、設備を充実させて、研究者が後顧の憂いなく研究に専念できるようにすることだとして、政府や大富豪の頑張りに期待したいというのが渋沢の持論でした。

模倣はたしかに楽ですが、世界をリードするには独創の技術が不可欠です。そのためにも、国も企業も、未来への投資は決して惜しんではならないものなのです。

WORDS OF EIICHI SHIBUSAWA 04

子育てと同じ忍耐力で経営せよ

事業の経営にあたっては、当事者は絶大なる忍耐力が必要である。

▼『経済と道徳』

渋沢栄一は、たくさんの企業を経営しただけに、企業を経営するにあたっては「出発点が肝要」であるだけでなく、その後の経営の難しさも熟知していました。渋沢はそれを子育てに例えています。

生まれたばかりの赤ん坊が「癇《かん》も起こらず風邪も引かず、順よく育て」ば良いのですが、現実には「注意に注意を加え、大事に大事をとって育てても、時に下痢を起こしたり、風邪を引いたりすることが多い」ように、事業の経営も「よろず違算ないつもりで経営しても、創業当時にはいろいろ思い設けぬ出来事があったり、不可抗力の損失を招いたりして、順調に進まぬことが少なくない」というのです。

そんな時、経営者に「いかに苦境にあっても、どこまでも切り抜けてやり通していくだけの忍耐心」が欠けていると、つい事業の継続を諦め、投げ出すことにもなりかねません。

アップルの創業者スティーブ・ジョブズも「創業というのは親になることと同じ経験だ。親としての本当の喜びは、自分の子どもと共に人生を歩み、その成長を助けることだ」と話していましたが、たしかに企業経営は、我が子を育てるような忍耐と我慢を経て、初めて本当の喜びを味わうことができるのです。

WORDS OF EIICHI SHIBUSAWA 05

「事業の目的」は金か世のためか

事業に従事する人の心掛けについて言えば、
ただ単に金儲けをしたい
というばかりではいけない。

▼『経済と道徳』

起業の目的はいったい、何でしょうか。アップルの創業者スティーブ・ジョブズは「お金が目当てで会社を始めて、成功した人は見たことがない」と言い切っています。お金よりも「自分のアイデアを広めたい」という情熱があってこそ人は頑張れる、というのがジョブズの考え方でした。

渋沢栄一も、「金儲けをしたい」だけが目的となった場合、「儲けよう、儲けよう」と焦るあまり、事業に無理が生じ、仕事や世間に対して「誠実親切」を欠くことになり、結果的に「破綻を招きやすい」と、商業道徳の大切さを説いています。

渋沢が重視していたのは、やろうとする事業が本当に世の中に必要とされているかどうかです。そのような事業を「道徳心」を持って円満に展開していけば、国家や社会のためになり、結果的に会社自体も儲かり、自分自身も利益を上げることができるという順序でした。

大切なのは、国家のため、社会のため、人々のためという「良き目的」であり、そこに「誠実親切」を信条として進んでいけば「金儲け」は必ず後からついてくるが、順序が逆になり一番に「金儲け」を目的にしてしまうと大きな間違いを犯す、というのが渋沢の信念でした。

WORDS OF EIICHI SHIBUSAWA 06

「悪意の競争」ではなく「善意の競争」を

「競争」には
善意と悪意の二種類が
あるように思われる。

▼『経済と道徳』

小学校の運動会などの、順位のつく個人戦について「子ども同士の差別意識や劣等感」を理由に反対する人もいれば、「足の速さも個性」とか、「世の中に出れば競争は避けて通れない」を理由に賛成する人もいます。

渋沢栄一は「競争」に関しては、「善意」と「悪意」の2つがあると考えていました。勉強でも仕事でも人が何かを一生懸命やるためには「必ず勝ってみせる」という気概が不可欠で、そのような気持ちなしには、国家も個人も健全な発展を遂げていくことができない、というのが「善意の競争」です。

一方、間違った競争意識もあります。例えば、誰かが成功したのを見て、その成功をかすめ取ってやろうとか、成功の邪魔をしてやろうというのは「悪意の競争」であり、道徳を踏みにじり、世間から顰蹙《ひんしゅく》を買うことになりかねません。

悪意の競争をしないためには、相手を人として尊重する気持ちや、道徳を尊重するという気持ちが欠かせないというのが渋沢の考えでした。

競争で大切なのは、単なる「勝った負けた」ではなく、自分に足りないものを知り、「勝つためには何が必要か」を学ぶことでもあるのです。

WORDS OF EIICHI SHIBUSAWA 07

社員を安心させてこその企業である

上に立つ人はその社員（中略）に対して、安心して働くことができると共に、将来発展しうるような道を講じてやらなければならぬ。

▼『論語と算盤』

経営者にとって、社員の雇用をどう考えるかはとても大切なことです。

１９３０年、日本中に世界恐慌による不況の嵐が吹き荒れた時、パナソニックの創業者・松下幸之助も社員を半分にするよう周囲からアドバイスされましたが、「つくったって売れないんだから、工場は半日勤務にするが、給料は全額出す」と社員に宣言しました。

代わりに、在庫品をみんなで販売するように求めたところ、わずか2カ月で在庫は一掃され、工場の生産を再開することができました。この時に感じた恩義と、「やればできる」という信念が、パナソニックを全員が事業に邁進《まいしん》する会社へと変えたと言われています。

この事例が表しているように、社員すべてが物質的・精神的に安心して働けるようにすることこそ、企業の発展につながるというのが渋沢栄一の考え方でした。

リストラをすれば業績が改善されるように、給与や退職金などを少なくすれば、数字的には企業の利益になりますが、それでは人が安定せず、業績も上がりません。目の前のお金をケチって、大きな損失を出すのではなく、社員の安心を図り、将来への展望を示してこそ企業は成長する、というのが渋沢の教えです。

WORDS OF EIICHI SHIBUSAWA 08

一度や二度の「挫折」でくじけるな

挫けても挫けてもたゆまず築き上げてゆく。
その決心と誠実こそは
仕事の上での大事なことである。

▼『小説渋沢栄一』

順境の時ではなく、逆境の時に試されるのが、その人の「胆力」です。

1887年、渋沢栄一は高峰譲吉《じょうきち》（タカジアスターゼ発明者）や益田孝（三井物産創始者）らと一緒に、日本初の化学肥料製造会社・東京人造肥料会社（現・日産化学）を設立しました。食料増産に欠かせない肥料を、国内で生産するためのものでした。

ところが、当時の農家には化学肥料への偏見があり、赤字続きでした。それでも渋沢は、何とか事業を軌道に乗せていきますが、その矢先に工場から出火、施設すべてが焼け落ちてしまいました。


株主の多くが「会社の解散」を求める中、渋沢は肥料製造が農村振興には不可欠であると、自分1人でも成し遂げてみせると力説します。

大変だからと諦めては、農業振興という目的を果たせなくなってしまいます。

「くじけてくじてもたゆまず築き上げてゆく。その決心と誠実こそは仕事の上で大事なことである」という渋沢の信念が通じて、会社は操業再開にこぎ着けることができました。事業が不振の時にこそ経営者の力量が試されますが、「解散しかない」という局面での渋沢の決断が、化学肥料の国産化を救ったのです。

WORDS OF EIICHI SHIBUSAWA 09

事業は「ふさわしい人」がいてこそうまくいく

事業の成否の一半は、実に首脳に立つ人物の如何にあるのである。

▼『経済と道徳』

渋沢栄一は、事業を興すにあたっては、4つのポイントを検討することが大切だと考えていました（↓P19）が、中でも難しいのが事業に「人を得る」ことでした。

渋沢が手がけた事業の多くは「日本初」のものであり、「初めて」だけに経験者がいないという困難がありました。事業を成功に導くためには、経験豊富な人材がいることが理想ですが、当時の日本には適材を適所に配置しようにも、経験者がいませんから、誰にどんな仕事を任せれば良いのか、見当がつきません。

事業は、お金さえあればできるというものではなく、人材がいて初めて成功するものです。例えば、日本における洋紙需要に応えるために1873年、渋沢は抄紙《しょうし》会社（その後の王子製紙）を設立、外国人に製造を任せますが、何カ月経っても紙はできませんでした。

その時、アメリカに留学して技術を習得したいと申し出たのが、のちに「日本の製紙王」と呼ばれる大川平三郎です。渋沢は大川をアメリカに派遣、職工から始めてすべての技術を習得して帰国した大川にすべてを任せることで製紙事業を軌道に乗せることができたのです。事業の成否は、首脳となる人物如何《いかん》で決まってくるのです。

WORDS
OF
EIICHI
SHIBUSAWA

10

「わがもの」であり「他人のもの」である

公僕を忘れぬようにすると、わがものと思って勉強する方がとかく留守になり、さりとてわがものと思う勉強心が強くなると、公僕の精神を失う恐れがある。

▼『小説渋沢栄一』

内閣官房副長官として、昭和から平成にかけ7人の首相に仕えた石原信雄が、新人公務員に向けて言ったのが「公務員は、国民や住民に対するパブリック・サーバントです」という言葉です。

公務員の中には、難関を突破したエリートであるという意識を持つ人もいます。「選ばれた誇りと自信」を持って臨むのは大切なことですが、まず住民に対してサービス精神を持って臨むことが大切だ、というのが石原のアドバイスです。

渋沢栄一が、実業の世界に出て最初に手がけた第一国立銀行（現・みずほ銀行）頭取を77歳で退くにあたり、行員に求めたのも「他人のお金を預かっている」という公僕としての強い倫理観と、一方での「すべての財産が自己に専属したものの如く観念して、最善の注意と最善の努力」を行うことでした。

銀行は、一般の人から預かったお金を運用する仕事だけに、「自分は社会の公僕」という意識が不可欠ですが、一方で「これは他人のもの」という意識が強すぎると、「わがものと思う勉強心」が薄れてしまいます。「他人のもの」でありながら、まるで「自分のもの」であるかのような強い責任を持って日々の業務に励むこと、それが渋沢の願いでした。

WORDS OF EIICHI SHIBUSAWA

11

好況に浮かれず、「好況を切り抜けろ」

すべて事業は好景気の時には（中略）努めてその基礎を強固にすることに意を用い、いたずらに景気に乗じて、株主の歓心を求めるごときは慎まねばならない。

▼『渋沢栄一訓言集』

人にも企業にも、景気や運の波がありますが、その時にどう考え何を行うかで、その後の波は大きく変わってきます。

「得意の時には、自慢し、倨傲《きょごう》となり一時の愉快の情に駆られて遠望深慮を欠く」と言うほど、渋沢栄一は「得意の時」にこそ身の処し方が大切だと考えていました。企業は、好況の時には何をやってもうまくいくだけに、事業の手を広げ、利益配当を増やして株主の歓心を求めようとしますが、渋沢はそれではダメで、新しい設備を導入するなど、基礎固めに資金を投じてこそ、企業は成長し続けることができる、と考えていました。


この言葉を実践したのがトヨタです。トヨタ中興の祖と言われる石田退三（↓P135）が心がけていたのが「好況を切り抜ける」です。不況に陥ればどんな経営者も懸命になりますが、好況の時にはつい得意になり調子に乗りがちです。

しかし、石田は景気が良い時にこそ気を引き締めて、安易に人を増やさず、ムダを省き改善にも精を出し、「トヨタ銀行」と呼ばれるほどの内部留保をトヨタにもたらし、それが結果的に不況に強い財務体質をもつくることになったのです。

好況に乗りつつも、好況を「切り抜けて」こそ、企業も人もより強くなるのです。

WORDS OF EIICHI SHIBUSAWA

12

みんなが「得」をしてこその商売である

商売に平和の戦争とか、商戦とかいう言葉を用いるのは大間違いである。商売は売買両者が利益を得て悦ぶところにある。

▼『渋沢栄一訓言集』

近江商人に伝わる「三方よし」という経営哲学があります。伊藤忠商事の創業者・初代伊藤忠兵衛が近江商人の先達《せんだつ》への尊敬の念を込めて口にしていた言葉と言われています。「商売において、売り手と買い手が満足するのは当然のこと、社会に貢献できてこそ良い商売と言える」という「売り手よし、買い手よし、世間によし」は今も変わらぬ商売の原点と言うことができます。

渋沢は、事業においても私益よりも公益を重視するなど、常に社会のため、国家のためを意識し続けた人です。同時に明治期の商売人の道徳にも常に苦言を呈し続けた人で、商売に「平和の戦争」とか「商戦」など「戦争」という言葉を使うのは「大間違い」だと断じています。

戦争は、勝者がいれば敗者がいます。勝者は利益を得て、敗者は大きな損害を被るだけに、商売はそれではダメで、「売買両者が利益を得て悦ぶ」ものでなければならないと考えていました。

官界から実業界に転じて500以上の企業をつくった渋沢にとって、事業というのは経営者だけが儲かれば良いというものではなく、顧客が喜び、社会のためになり、国家のためになって、初めて有益な事業と呼ぶことができたのです。

WORDS OF EIICHI SHIBUSAWA

13

まず「根」を伸ばせ、やがて「花」が咲く

多く葉を摘まんと思えば、
その枝を繁茂させなければならない。
その枝を繁茂させようと思えば、
その根を培養せねばならない。

▼『渋沢栄一訓言集』

自ら創業したアップルを30歳で追放されたスティーブ・ジョブズが次に創業したのが、同じコンピューターメーカーのネクストです。しかし、ネクストは、商業的には思うような結果を出せませんでした。そんなジョブズに記者が「社員が多すぎるのでは?」と皮肉ったところ、ジョブズは会社を巨大な樫の木に例え、「大木には同じくらい大きな根がある。その根を育ててきた」と切り返しました。

その言葉通り、やがてアップルに復帰したジョブズは、ネクスト時代のメンバーたちを使い、アップルを時価総額ナンバー1企業へと成長させることになったのです。不遇の時代の支えとしてよく言われる言葉に、「何も咲かない寒い日は、下へ下へと根を伸ばせ。やがて大きな花が咲く」があります。大きな成果を得ようとすれば、それ以前に根を育て、枝を育てる必要があるのです。

渋沢栄一は、生涯に500以上の企業を設立していますが、その多くが最初は苦難の連続であり、「もはやこれまで」という崖っぷちもありました。それでも渋沢は、こうした企業を粘り強く根気強く育て上げていきます。

そんな、根をじっくり培養した時代があったからこそ、今の日本があるのです。

WORDS OF EIICHI SHIBUSAWA

第二章

「仕事の疲れ」は別の仕事で癒す

WORDS OF EIICHI SHIBUSAWA

14

「仕事の疲れ」は別の仕事で癒す

何か気になること、心配なことなどがある時は仕事で心機を転換し、精神を休むることができれば更に有益である。

▼『経済と道徳』

「大事を成すには心身ともに強健でなければならない」と、渋沢栄一は考えていました。「健全なる精神は強壮なる体力に宿る」とも語り、日頃から健康を心がけていたようです。ポイントは2つです。

1つは「ときに屈託しない」ことです。「足るを知り分に安んずる」ことで、くだらぬ心配をしないようにしていました。

もう1つは「気を転ずる」ことでした。気になることや心配事があって、解決策が見つからないと、人はそれをいつまでも気にし続けますが、それでは心身を害することになるため、渋沢はそのような時は「まったく異なった方面の仕事のことを考える」ことで精神を休めました。

但し、娯楽や書画骨董のような趣味に向かうわけではありません。それらは仕事の時間を奪い、金銭を浪費するだけに、渋沢は銀行のことを考えた後は慈善のことを考えるなど、分野の違う問題に頭を使うことで気分転換をしたのです。

「発明王」エジソンは、考えるのに疲れたら、別のアイデアに対象を変え、新鮮で楽しい研究生活を送った結果、生涯で1000を超える発明を行っています。渋沢も、1つに疲れたら別の仕事に取り組むことで、生涯で500を超える企業をつくり上げたのです。

WORDS OF EIICHI SHIBUSAWA

15

言葉を軽んじるな、本心から語れ

口舌は禍福《かふく》の原因を生じるもとである。発言のいかんによっては、禍にも福にもなるので、一言一句もおろそかにしないよう注意する必要がある。

▼『富と幸せを生む知恵』

「政治家の言葉が軽くなった」と言う人がいます。たしかに、政治家の発言には責任が伴うにもかかわらず、「誤解を招いたとしたらお詫びします」の一言で片づけてしまうのは考えものです。

　渋沢栄一は「多弁の方で、よく口出しするし、講演など頼まれればどこででもやるので、知らず知らずにしゃべりすぎて揚げ足を取られる」こともあったといいます。

　しかし、どんなに揚げ足を取られようが、笑われようが、気にすることはありませんでした。理由は「一度口に出す以上は、心にもないことは言わない主義で、決して嘘は言わなかった」からです。

　他人から見れば「虚言」ともとれる話でも、渋沢自身にはどの言葉にもきちんとした裏づけがあり、「確信のある言葉」だったのです。批判されることを恐れ、「口は禍《わざわい》の元」と無口を通したり、必要な時に必要なことを言わなかったりすれば、意志は伝わりませんし、そうなれば人を動かせず事業を成功に導けません。

　口は禍の元となることもあれば、福を招くこともあります。言葉は常に本心から発するべきものだし、一言一句もおろそかにしてはならないのです。

WORDS OF EIICHI SHIBUSAWA

16

適材適所は「自分のため」より「社会のため」に

人を適材適所につけていくことの背後には、たくらみが潜んでいる場合がある。

▼『論語と算盤』

リーダーが、部下を重要なポストなどにつけるにあたって、しばしば口にするのが「適材適所」です。人事の正当性を証明するための言葉とも言えます。

渋沢栄一は、適材適所の重要さは認めつつも、時にその背後に「たくらみ」が潜む場合があることを懸念していました。

自らの権力基盤を強固なものにしようと考えるリーダーは、自分の息のかかった者の中から都合の良い人材を選んで「適所」に送り込み、覇権を握ろうとしますが、渋沢は「このようなやり方は私の学ぶところではない」と言い切っています。

渋沢が心がけていたのは、あくまでも「適材を適所に得る」ことであり、その人たちを道具として、一大勢力を築くことではありませんでした。逆に、秘蔵っ子だからと手元から離さないということもせず、「適材にさらなる適所があれば自由に移り、さらに働いてくれればそれで良い」とも考えていました。

時には、王子製紙社長の渋沢を辞任に追い込んだ人物を大日本製糖（現・大日本明治製糖）の社長に据えるという大胆な人事を行うなど、渋沢にとって「適材適所」は「自分のため」にではなく、あくまでも「社会のため」のものでした。

WORDS OF EIICHI SHIBUSAWA 17

人の話は手を止めて聞け

自分の向こうに立つ人に対しては、
満身の誠意を注いでこれに接する。

▼『富と幸せを生む知恵』

部下の話を聞く時、上司であるあなたは手を止めて聞いているでしょうか？　あるいは、子どもの話を聞く時はどうでしょうか？　中には書類を読みながら、料理をしながらの「ながら聞き」をしている人も多いのではないでしょうか？

渋沢栄一は若い頃、読書をしながら人の話を聞いたり、手紙を書きながら人に用事を命じるといった練習を積んだことがありますが、それは容易なことではありませんでした。大蔵省時代、渋沢が、「鉄道の父」と呼ばれた井上勝の話を聞きながら、大蔵省の規定書に目を通していると、井上は「君は人を馬鹿にしているる」と怒りだしました。渋沢も負けじと「我が輩は、目と耳を別々に働かせているのだ」と反論したものの、さすがに無理があると痛感しました。

以来、渋沢は、人に接する場合は、必ず気持ちを集中して、一途《いちず》に話を聞き、アドバイスをするようになったといいます。

自分の前にいる人に対して、事の大小や、立場の上下に関わりなく、常に変わらない姿勢で、満身の誠意を注いで接してこそ、相手も満足し、自分も納得のいく仕事ができるというのが、渋沢の人との接し方の極意です。

WORDS OF EIICHI SHIBUSAWA

18

1つの時間には、1つのことに集中せよ

心を集中して一事一物に取り組めば、そのもの一つだけしかできないが、完全に成し遂げることができれば、それで十分ではないか。

▼『富と幸せを生む知恵』

時間はみんなに平等にありますが、その使い方は人さまざまです。そこに、「できる人」と「できない人」の差も生まれます。

やるべき仕事に比べ、行うべき時間はいつも不足します。仕方なく、人は一度にあれもこれもと手を出そうとしますが、結局は「すべての仕事を少しずつやり、何も成し遂げられない結果」に終わってしまいます。反対に、1つの時間には1つの仕事に集中する人は、持てる時間と能力のすべてを1点に集中できるだけに、一見、仕事の進み具合が遅いように見えても、一つひとつの仕事は着実に終わり、気がつけば案外たくさんの仕事を、高いレベルでできていることになるのです。

渋沢栄一の仕事の仕方は、明らかに後者です。しかも仕事の大小に差をつけず、「その一事に全力を挙げて取り組む」ことを自らに課していました。

大きな仕事はもちろんのこと、手紙を書く時にも手紙に集中します。集中して「一事一物」に取り組めば、たしかにそれ1つしかできませんが、いくつもの事物に手を出して何一つ満足にできない結果になるよりも、遥かによく成し遂げることができるし、その積み重ねが大事を成し遂げる力になるのです。

WORDS OF EIICHI SHIBUSAWA

19

書いた言葉は訂正できないと心得よ

一通の手紙を書く場合でも、筆を持って紙に対している間は精神を集中して、他のことは決して思ったり考えたりしないようにする。

▼『富と幸せを生む知恵』

ある人が、メールなどを書くのは気分がポジティブな時だけにしていると話していました。気持ちがネガティブだと、思わぬ間違いを犯すこともあるからです。

たしかに、メールや手紙は出してしまうと訂正がききませんし、ネット上の発言も訂正がきかないだけに、書く際には細心の注意が欠かせません。

渋沢栄一は、何をやるにつけても「一事に集中する」ことを信条としていましたが、「手紙」も同様でした。理由は「口で言う」場合には、何か間違ったことを言ってもその場で訂正すれば、相手に悪感情を抱かせないようにすることができますが、「手紙に書いた」場合は、間違ったと気付いても相手がそれを読んだ後では、簡単には訂正できないからです。

だからこそ、渋沢は「手紙くらい」と考えず、「ことさらに注意に注意を重ねて」書き上げたといいます。今の時代、手紙を書く人は少なくなりましたが、メールやSNSとなれば、1日に何本も書く人が多いのではないでしょうか？　そして中には「炎上」する人もいます。人目に触れるものを書く以上、そこには「注意に注意を重ねる」ことが大切になります。集中力を欠いたメールやSNSは、時に命取りになるのです。

WORDS OF EIICHI SHIBUSAWA 20

小事は必ずしも小事ではない

軽視した小事も積み重なって大事となる。
時としては小事が大事の端緒となり、
一些事《さじ》と思ったことが
後日大問題を引き起こすことがある。

▼『富と幸せを生む知恵』

労働災害の分野でよく知られる「ハインリッヒの法則」というのがあります。1件の重大事故の背後には、29件の軽微な事故が隠れており、さらにその背後には事故にはならなかったものの事故寸前の300件もの異常、つまり「ヒヤリ・ハット」が隠れているというものです。

この法則から分かるのは、小さなヒヤリ・ハットを「このくらいは」と見逃してしまうと、いずれは大きな事故につながるのに対し、小さなヒヤリ・ハットを1つずつ丁寧に改善していけば、大きな事故を未然に防ぐことができるということです。

「小事は大事」も同じです。渋沢栄一によると、「これは小事だ」と軽視して「念を入れる」ことを怠ると、それが積み重なって大事になることもあれば、小事と思ったことが実は大事の前兆だったということもあるだけに、「これは小事だ、これは大事だ」などと区別することなく、どんな時にも「同じ態度、同じ思慮」を持って対処してこそ、小事を小事のままに解決し、大事を引き起こすことがなくなるのです。

問題が発生した時には、まだ小さな段階でも最悪のシナリオを想定して解決策を考えるのも、リーダーの心得の1つです。

WORDS OF EIICHI SHIBUSAWA

21

「日々新たに」の気持ちを大切に

何についても
「一日を新たな気持ちで」
という心掛けが肝要なのだ。

▼『論語と算盤』

今日という1日を「いつもと変わらない昨日の延長」と見るか、「新しい1日の始まり」と見るかでは、人の気持ちは大きく変わることになります。

アメリカにあるアマゾンの本社ビルの名前は「DAY1」です。「アマゾンでは、今が常に『1日目』（DAY1）なのだ」という、創業者ジェフ・ベゾスの思いを反映してこう名づけられました。

渋沢栄一によると、中国の殷《いん》王朝の創始者・湯王《とうおう》は盥《たらい》（洗面器）に「1日を新たな気持ちで、日々を新たな気持ちで、また1日を新たな気持ちで」と刻み込んでいたといいます。たしかに朝起きて、「また昨日と同じことの繰り返しか」と思うと途端にやる気が失せ、渋沢が言うところの「精神が先細りしていく」のに対し、「今日も新しい1日の始まりだ」と考えれば、何か新しいことに挑戦しようという気持ちになります。

自分にあてがわれた仕事を、毎日同じように淡々と処理するだけで、新しい知恵を何も身につけようとしなければ、問題が起きない代わりに進歩・向上が止まり、溌剌《はつらつ》とした元気も失われることになります。

「日々新たに」の気持ちで挑戦する気持ちであり続けることが、何より大切なのです。

WORDS OF EIICHI SHIBUSAWA

22

仕事を楽しいものに変えていけ

どんな仕事でも
わくわくするような趣味を
持たなければならない。

▼『論語と算盤』

「仕事をしていて辛《つら》いとかしんどいとかを感じたら、『どうすれば楽になれるか』を考えよう」というのが「改善」の極意の1つです。日々の仕事というのは単調なものになりがちですが、「しんどいなあ」ではなく、「何か良い方法はないかなあ」と考えることを習慣にすると、改善の知恵が生まれ、仕事は徐々に楽しいものとなってきます。

渋沢栄一は「どんな仕事でも、趣味を持たなければならない」と話しています。仕事をするにあたって、自分の与えられた役割分担を決まり切った形でこなすだけでは「お決まり通り」になりますが、

そこに「趣味」が加わると、「この仕事はこうしたい」「こうやってみたい」「これをこうすれば、こうなるだろう」とやる気が生まれ、こだわりや思いの加わった仕事をすることができるようになります。

これが渋沢の言う「仕事に趣味を持つ」という意味です。渋沢によると、「仕事は地道に努力していけば精通していくものだが、気を緩めると荒れて」しまうものです。

仕事を楽しいものにするか、わずらわしいものにするかは、その人がどれだけ仕事に面白みを持ち、自分なりのアイデアを出して工夫できるか次第なのです。

WORDS OF EIICHI SHIBUSAWA

23

「行為」は責めても「人格」は攻撃するな

過失を責める場合、第一に心すべきことは、その人に対して少しでも憎しみの心を持っていてはならないということである。

▼『富と幸せを生む知恵』

人格攻撃は、会社などでもよくある間違いの1つです。会議で、発言の中身についてではなく、「お前なんかに言われたくない」と、発言者の人格を否定する人がいます。あるいは、失敗の中身を追及すべきところを「だから君はダメなんだ」と、失敗した人の存在を否定する人もいます。

こんな人格攻撃をされてしまうと、言われた方は自信を失い、精神的に深刻なダメージを受けることになります。言った相手に対して強い恨みを抱く人もいるかもしれません。

失敗をした人に対して、大切なのは「なぜ失敗をしたのか?」を考えさせ、「失敗を挽回するには何が必要か」「失敗をしないためにはどうすればいいか」などを教訓として学ばせることです。求められているのは「罪を憎んで人を憎まず」という態度です。真心を注いでその過失を責めれば、その気持ちは必ず相手に届き、過失を改めてくれるというのが渋沢栄一の考え方です。

失敗を注意するのは当然のことですが、そこに人格をからめるのは間違いです。相手に劣等感を植えつけ、殻に閉じこもらせ、恨みをつのらさせるような言動は、誰に対してもやってはいけないことです。

WORDS OF EIICHI SHIBUSAWA 24

「結果」より「中身」で失敗への対応を考えろ

過失には大体において無意識の過失と有意識の過失とがある。

▼『経済と道徳』

失敗には「許されない失敗」と「許される失敗」があります。許されない失敗というのは、仕事を甘く見て準備を怠ったり、集中力を欠いて仕事に臨むことによって引き起こされるものです。

許される失敗というのは、難しい課題に挑戦した結果、期待通りの成果が出なかったというケースなどを指しています。この失敗を厳しく叱責してしまうと、部下の挑戦する気持ちを失わせるだけに、叱責よりも失敗の原因を調べ、再度の挑戦へ背中を押す方が望ましいのです。

渋沢栄一の失敗の分け方はこうです。「無意識の失敗」というのは、誠意を持って事にあたりながら、計画に手落ちがあったり、情勢判断を間違えるなどで生じた過失のことで、このような場合は注意するぐらいに留めます。一方、最初からうまくいかないと分かっていながら投資家からお金を集めたり、自分の利益だけを得て会社を潰すといった過失は「有意識の過失」として、社会の利益のためにも、本人のためにも厳しく詰問しなければならないと断じています。

失敗や過失を結果だけで判断すると、間違いを起こします。その中身や原因を十分に知ったうえで対処法を使い分けてこそ、本人のため、会社のためになるのです。

WORDS OF EIICHI SHIBUSAWA 25

「叱責」はその場限り、過去を蒸し返すな

叱り事はその場限りのものとする。過ぎ去ったことにあくまでも執着し、これをいつまでも問題にして繰り返すのは愚の極みである。

▼『経済と道徳』

「叱る」というのは、叱る方にとっても、叱られる方にとっても気持ちの良いものではありません。

渋沢栄一も、できるなら簡単な注意を与えるくらいで叱らずに済ませたいと考えていましたが、もちろん時と場合によっては叱ることが本人のためになることもあるため、やむを得ず叱ることもあったようです。

叱り方には個性が出ます。かつて渋沢の上司だった井上馨《かおる》は、来客を迎えた女性が失礼をしようものなら、その場でガミガミと叱責し、時に何の関わりもない客まで叱ることがしばしばだったといいます。これでは反省を促すどころか、反感を買うだけになってしまいます。

渋沢は、人を叱る時2つのことを心がけていました。①叱る時には他人がいない場所で叱ること、②過去を蒸し返さないこと――の2つです。

叱るべきは今の過失であり、過去の過失を蒸し返すことは人を傷つけ、人の恨みを買い、人と人の距離を引き離すだけなのです。

「叱り事はその場限りのものとし、戒告を与えたうえは釈然として、再びこれを念頭に置かぬような度量を持つ」ことは上司の叱り方の心得の1つです。

WORDS OF EIICHI SHIBUSAWA 26

服従も反抗も自分の頭で考えろ

服従必ずしも善意ならず、反抗必ずしも悪意ならざる場合がある。

▼『渋沢百訓』

今や「服従」という言葉ははやりませんが、それでも上司や会社の命令には絶対に従わなければと考える人も少なくありません。ましてや、渋沢栄一が生きた江戸時代末期から昭和初期にかけては、家長や目上の人の言うことは絶対であり、異を唱えるのは考えられないことでした。

ところが、渋沢は「人には服従がなくてはならぬもの」としながらも、良いか悪いかの分別もなく、一も二もなく人の説に同意したり、相手に気に入られようとこびへつらうような「服従」は好ましくないと考えていました。「上の言うことだから」と、何でもかんでも「ご無理ごもっとも」と従うのではなく、自分なりの考えを持てという意味でした。

結果、時には「反抗」もあり得ます。例えば、道理に合わないこと、あまりの不公平などには「正当な道理」に則って反抗したとしても、それは決して悪いことではなく、反抗も時には欠くべからざるものというのが、渋沢の考えでした。

仕事をしていると、時に理不尽な命令を受けることがありますが、そんな時には渋沢が言うように「命令が善なるや、悪なるや」について、自分の頭で考えることも大切なのです。時に反抗も、有益なものとなることもあるのです。

WORDS OF EIICHI SHIBUSAWA

第三章

「お金」はよく集め、よく使え

WORDS OF EIICHI SHIBUSAWA

27

「お金」はよく集め、よく使え

お金とは大切にすべきものであり、同時に軽蔑すべきものでもある。

▼『論語と算盤』

「武士道は経済とは正反対のものである。それは貧しさを誇る」とは、新渡戸《にとべ》稲造《いなぞう》の『武士道』に出てくる言葉です。

　武士道はお金を儲けたり蓄えたりすることを卑しんだだけに、明治維新以降、渋沢栄一が経済活動を活発にするためにどれほど苦労したかは想像に難くありません。

　明治に入って以降は、さすがに「お金は不浄」という考えは徐々になくなりますが、一方で「お金の使い方」に関しては相変わらず難しいものでした。

　渋沢は、お金は「誰がどのように使うか」次第でその価値が変わると考えていました。

「善人がこれを持てば良くなり、悪人がこれを持てば悪《あ》しくなる」

「お金とは大切にすべきものであり、同時に軽蔑すべきものでもある」

　当たり前のことですが、お金そのものに善悪はありません。だからこそ、人はお金を「よく集め、よく使っていくべきだ」と渋沢は考えました。もちろん、お金をムダに使うのは愚かなことですが、かといって「よく使う」ことを知らないと、ただの守銭奴になってしまいます。お金は「よく集める」だけでなく、世の中のために「道理をわきまえて使ってほしい」というのが渋沢の願いでした。

WORDS OF EIICHI SHIBUSAWA 28

「資本の価値」は使う人で決まる

資本は万能ではない、
もっと大切なのは人である。
資本の価値も、
これを活用する人によって定まるのである。

▼『経済と道徳』

事業を始めるにしても、あるいは研究開発を行うにしても、先立つものはお金であり、お金がなければ事業も研究開発も行うことはできません。それは国についても同様で、国の財政が豊かであって初めて、国民のためにいろいろな政策を実現できるのです。

渋沢栄一は、こうした資本を集めるために銀行の創設に尽力しただけに、「資本の必要であることは今さら言うまでもない」と断ったうえで、しかし「資本は万能ではない、もっと大切なのは人である」と言い切っています。

理由は、莫大な富を持つ富豪が、道理に適うことのためにお金を使えば、その資産は価値ある働きをするものの、自分の道楽や無用なことに使ってしまえば、そのお金は価値を生まず、かえって社会に害を及ぼすこともあるからです。

「いいアイデアがなければ、いかに金貨の袋を抱いていても、時代のバスに乗り遅れて敗残者となるのである」は、ホンダの創業者・本田宗一郎の言葉です。

たしかにお金がアイデアを産むわけではなく、人を育て、人がアイデアを産むからこそ、社会を豊かなものに変えていくことができるのです。

WORDS OF EIICHI SHIBUSAWA 29

「お金」より大切なことがあると知れ

金はたくさん持つな、仕事は愉快にやれ。

▼『富と幸せを生む知恵』

渋沢栄一は、数多くの企業の設立や経営に関わっても、決して「渋沢財閥」をつくろうとはしませんでした。それどころか、赤字企業を救うために私財を投じることもあり、三井や三菱のような財閥にはなっていません。その理由はこうです。

「私の事業に対する観念は、自分の利益は二の次で、まず国家社会の利益を考えてやっていくことだ。だから金は貯まらなかったが、普通の実業家に比べたら国家社会のためになった点が多かったろうと信じている」

渋沢によると、もし利殖《りしょく》第一、儲けること一途《いちず》に人生を費やしたとすれば、大富豪にはなったかもしれませんが、そんな無意義なことに人生を費やすよりも、世のため、人のために仕事に励む方がはるかに「愉快に感じ、幸福に思える」というのです。

反対に蓄財第一に励んだ場合、たとえ大富豪になれたとしても、本当の愉快と幸福は手にできなかったのではないかと渋沢は振り返っています。

お金が不要というわけではありません。しかし、「お金は適度に持ち、仕事は愉快にやることこそが幸福につながる」というのが渋沢の考え方でした。

WORDS OF EIICHI SHIBUSAWA 30

働きの「糟《かす》」ではなく働きの「中身」を見よ

金は溜まるべきもので、溜めるものじゃない。

▼『小説渋沢栄一』

渋沢栄一は、たくさんの企業の設立や経営に関わっていますが、それらの企業を束ねて「渋沢財閥」をつくろうとしたわけでも、莫大な富を築き上げたわけでもありません。

渋沢は、少年時代に父親から実家の近くに住むお爺さんの話を聞かされました。そのお爺さんは大変な働き者で朝早くから夜遅くまで一年中働いたお陰で相当なお金持ちになりましたが、贅沢もせず働き続けました。「いい加減遊んで暮らせば」と忠告する人もいましたが、お爺さんは「金銀財宝は働いていくうちに出る糟（酒を絞り取った後の残り）」であり、糟を求めるために働くわけではないと意に介しませんでした。

後年、渋沢はその話を思い出し「なるほど」と思い当たりました。人々は成功か失敗かを測る時、金銀財宝の多寡《たか》ばかりを気にしますが、それは単に働いた後に残った糟を見ているだけで、肝心の働きの中身を見ようとしない、というのです。

大切なのは、世の中のために「何を成したか」であり、それを忘れて財産ばかりを増やそうとするのは「恥ずべきではあるまいか」というのが渋沢の考え方でした。お金は結果として溜まるもので、強欲に溜めるものではないのです。

WORDS OF EIICHI SHIBUSAWA

31

背伸びをせず欲望は最初から慎め

贅沢にはまるのに、えらいとか賤《いや》しいとか、地位が高い低いといった差などない。（中略）自分の身の丈に応じて最初から慎んでおかないと、ついには取り返しのつかないことになる。

▼『渋沢栄一自伝』

あるマネーコンサルタントから、「年収800万円、900万円の人が危ない」という話を聞いたことがあります。「自分はハイクラス」と誤解して背伸びをしてしまうと、収入が減っても生活レベルを下げられず、破綻《はたん》する人が少なくないそうです。

渋沢栄一は15歳の頃、江戸に行き立派な書箱《しょそう》と硯箱《すずりばこ》を買って帰ってきました。ところが、それを見た父親は「俺は親不孝な子を持った」と嘆いたというのです。なぜそれほどに言われたのか疑問を持った渋沢は、殷《いん》の王が象牙の箸をつくったことを嘆いた重臣の話に思い当たります。

高価な象牙の箸を手にすると、粗末な食器やわびしい食事を嫌い、「もっと立派なものを」と、欲望が際限なく広がり、国を危うくすることになるというのが重臣の懸念だったのです。

立派な書箱や硯箱を持つと、「もっと立派な書斎を」などと欲望が広がり、家を危うくするという懸念です。その時の渋沢は、すぐにはその意味に気付きませんでしたが、やがて「身の丈に応じて最初から欲望を慎む」ことの大切さをしっかりと自覚するようになったのです。

「富に対して淡泊に」が渋沢の信条です。

WORDS OF EIICHI SHIBUSAWA

32

「お金」より まず信用を積み上げろ

世の中に立って活動せんとする人は、資本をつくるよりもまずもって信用の厚い人たるべく心がけることが肝要である。

▼『経済と道徳』

今は堂々たる大企業も、創業期にお金の苦労をしているところは少なくありません。ホンダは1952年に経営が悪化、創業者の本田宗一郎と藤沢武夫は銀行に呼ばれ厳しい質問を受けますが、話を聞いた担当者は「ホンダという会社には貸せないが、本田宗一郎と藤沢武夫になら貸せる」と、融資を決断しています。

ホンダという会社はまだまだでも、2人には正直さ、一途《いちず》さ、人間としての信用があり、みんなが欲しいというものをつくる力があったからです。

生涯に500以上の会社を立ち上げた渋沢栄一によると、資金には限りがあり、限りある資本を頼りにするよりも、限りなき資本、つまり「信用」を大切にする方が事業はうまくいき、大きく成長させることができるというのです。

信用のある人なら、たとえその人に資金がなくとも、その事業に見込みがあり、正しい事業なら資金を出す人はいますが、その人に信用がなければ、社会も相手にせず、ましてや大切なお金を投資しようという気にはなりません。

人が世の中に立つためには、資金よりも信用が大事であり、その信用は時間をかけて世間が出してくれた勤務評定でもあるのです。

WORDS OF EIICHI SHIBUSAWA 33

富豪には「社会に尽くす義務」がある

富をつくるという一面には
常に社会的恩義あることを思い、
徳義上の義務として
社会に尽くすことを忘れてはならぬ。

▼『経済と道徳』

アメリカには、渋沢栄一が自伝を翻訳出版した鉄鋼王アンドリュー・カーネギー以来の良き伝統があります。それは一代で築いた莫大な富は「社会からの預かりもの」として、社会のために使う義務がある、という考え方です。

つまり、自らの富を独占することなく、世の中のために使ってこそお金持ちはその義務を果たしたことになるというものです。渋沢もしばしば「富豪といえども自分1人で儲けるわけではない。社会から儲けさせてもらったようなものだ」として、富豪には「社会に尽くす義務がある」としていました。

ところが、そんな渋沢から見ると、日本の富豪は引っ込み思案なのか、社会に対して「冷淡で困る」という面がありました。たしかにその富は、本人の努力によって築いたものかもしれません。しかし、富を手にすればするほど「社会から助けてもらっている」と考えて、社会の救済や公共事業に率先して尽くせば、社会はますます健全なものとなり、富豪の事業もますます盛んになるという好循環となります。

「ノブレス・オブリージュ」、つまりお金や権力などを持つ者はそれにふさわしい義務を果たすことが求められるのです。

WORDS OF EIICHI SHIBUSAWA 34

富豪の子には財産より教育を

富豪の子と生まれた者は、自己は
どこまでも自己であるという考えを持ち、
自分だけの智恵を磨き、
社会に立ち得らるるよう心がけねばならぬ。

▼『渋沢百訓』

フランスの経済学者トマ・ピケティが著書『21世紀の資本』で、相続を通じて富裕層と貧困層の格差が受け継がれ、拡大していくという問題を指摘したのは数年前のことですが、渋沢栄一は今から100年以上も前に、この問題に関心を持っていました。

どんな富豪も、自分1人の力で成功したわけではなく、社会の恩恵があってこその成功であり富である以上、築き上げた資産を自分の家族や親戚といった血族にだけ譲り渡すのはおかしなことで、その富は社会にも還元してこそ意味がある、というのが渋沢の持論です。

とはいえ、築き上げた富を我が子に残し、一生困らないようにしてやろうと考えるのも親心です。そこで、渋沢は富豪の親にこうアドバイスしています。

「あえて巨億の財産を遺《のこ》さなくとも、その子孫には相当の学問を授け、その智能を啓発しておきさえすれば、十分自ら養《やしの》うてでるだけの力があるはずである」

親は子どものために巨額の財産の代わりに、しっかりとした教育を残せば、子どもは親の財産に頼らずとも、自立した人間として、しっかりと生きて「愉快に働く」ことができるというのが渋沢の考えでした。

WORDS OF EIICHI SHIBUSAWA

35

「足るを知り、分を守る」生き方を

人の欲望には際限なく、一を得れば二を求め、二を得れば三を望む。この欲望に駆られると、不平不満は胸中を去ることなく、一生涯苦のみに終わる。

▼『渋沢栄一訓言集』

人間の欲望には限りがないものです。

「世界一の投資家」と呼ばれ、世界長者番付の常連のウォーレン・バフェットによると、人は1億円の年俸を手にすれば嬉しいものの、同僚がもっと貰っていると知るや「もっと」という欲望と妬みを抱くようになるといいます。

渋沢栄一はこうした「一を得れば二を求め、二を得れば三を望む」といった際限のない欲望を抑えるためには、「足るを知り、分を守る」ことが大切だと考えていました。

渋沢によると、例えば明治、大正期のお金持ちの中には、三井や三菱といった大財閥ようにもっと大きくなりたいと願う人もいましたが、三井や三菱でさえ、アメリカの大富豪であるカーネギーやロックフェラーと比べれば、「日本のお金持ち」にすぎません。それを忘れて「もっと」と願ったところで世界中の富を独占できるわけもなく、「不平不満は胸中を去ることなく、一生涯苦のみに終わる」というのが渋沢の考え方でした。

世の中に尽くしたいという願望は、どれほど大きくても構いませんが、お金に関してはほどほどにして、それよりも愉快に仕事をしようというのが渋沢の人生観でした。

WORDS OF EIICHI SHIBUSAWA

第四章

「尊敬できる人」と働き、「善き友」と交われ

WORDS OF EIICHI SHIBUSAWA 36

「尊敬できる人」と働き、「善き友」と交われ

同じ友だちでも、善人の友だちを得ることは難しいけれども、悪人の友だちは早くつくることができる。

▼『富と幸せを生む知恵』

「支配者の頭脳を推し量る時、第一になすべきは、彼が身近に置く人間を見定めることだ」は、マキァヴェリの『君主論』の言葉です。身近に置く人間が有能で忠実なら名君とみなせるが、そうでない時、君主は誤りを犯していると判断できるというのです。

君主ではない人にとっても、「類は友を呼ぶ」という諺《ことわざ》があるように、周りにいる友人たちを見れば、その人が何を好み、何を考えているのかを、ある程度は推察することができます。渋沢栄一は、善い友だちは近づけ、害をもたらす悪い友だちは遠ざけるべきだと言う一方で、善い友だちを得るのは、悪い友だちをつくるより難しいこともよく知っていました。理由は「善い友だちより悪い友だちの方が面白い」からです。

例えば、自分が酒を飲んで遊びたい時、善い友だちは「それよりも読書しろ」と言うのに対し、悪い友だちはすぐに賛成して、さらに良くないことまで勧めるため、面白く過ごせるからです。

人は誰の下で働くか、誰を友とするかで、その生き方は大きく変わってきます。できるなら、尊敬できる人の下で働き、善き友と交わることで、厳しくとも己を磨きたいものです。

WORDS OF EIICHI SHIBUSAWA 37

「本当の友」は厳しい友でもある

耳障りな忠告をしてくれる友人こそが
真に自分を知っていてくれる、
自分を思ってくれる人なのだ。
そういう人を選んで友となれば間違いはない。

▼『富と幸せを生む知恵』

善き人を友にする大切さは分かっていても、「善き友とは何か？」となると人によって違います。自分のことをいつもほめてくれる人を善き友と考える人もいれば、いつもご馳走してくれる人を善き友と考える人もいるかもしれません。

渋沢栄一は『論語』を引用して、「正直な人、信実な人、博識な人を友とすれば、自分に利益があるが、人に取り入るのが巧みな人、お追従《ついしょう》者、口の上手な者と交われば、利益がないだけでなく害になる」として、友を選ぶ際に「心得ておくべき教訓」と指摘しています。

とはいえ、人はほめられるのが好きなだけに、ほめてくれる人を善き友と錯覚する人もいますが、悪いところをきちんと指摘してくれてこそ、本当の友だちと言えるというのが渋沢の考え方です。

心理学者アルフレッド・アドラーが言うところの「嫌われる勇気」です。たしかに他の人の欠点などを指摘して、不快にしたり怒らせたりすることがあるかもしれませんが、かといって「こんなことを言ったら嫌われる」と、友人が間違ったことをしているにもかかわらず、適切な助言を控えるのは良い友人とは言えません。本当の友だちは時に厳しい友人でもあるのです。

WORDS OF EIICHI SHIBUSAWA 38

「良い組織」は良い習慣から

習慣はただ1人の身体だけに染みついているものではない。他人にも感染する。

▼『論語と算盤』

「熱意は人から人に伝染する」と言われますが、「習慣」も人から人に伝染するものです。業績が低迷する企業の社長に就任した人が「なぜ、この会社の人たちは挨拶をしないのか？」と会議で疑問を呈したところ、1人の部長が毎朝、工場の正面玄関に立ち、出社する社員に向かって「おはようございます」と頭を下げ、声をかけ始めたのです。

最初は誰も挨拶を返そうとはしませんでしたが、それでも愚直に続けるうちに、自分から挨拶をする人が増え、1カ月もすると挨拶が当たり前のものとなりました。やがて、社員間のコミュニケーションは目に見えて良くなり、それと共に企業の業績も向上し始めました。

このように、習慣はただ1人の身体だけに染みついたものではなく、「他人にも感染する」力を持っています。たった1人で始めた「良き習慣」が全体へと広まることで、人や企業を変えることができる、というのが渋沢の考え方です。

習慣というのは、普段からの行いが積み重なってでき上がったものですが、心の働きにも強い影響を与えます。良き習慣を身につけると、人も企業もそれだけ良い方向へ向かうことができるのです。

良い組織は良い習慣から生まれます。

WORDS OF EIICHI SHIBUSAWA

39

「良き習慣」は早くから身につけろ

人は良い習慣を身につけなければならない。

▼『論語と算盤』

人は習慣で行動するので、正しい思考と振舞いを、早いうちに習慣化させる必要があります。アメリカの建国期に活躍したベンジャミン・フランクリンは、過ちを犯さずに生活するために、節制・勤勉・誠実・謙譲などの徳（13徳）すべてを身につけようとしたことで知られています。良き習慣を早くに身につけ、終生守り続けることで人は何事かを成し遂げることができるという考え方からです。

渋沢栄一も、早い時期から「良き習慣」を身につけようと意識して行動していました。特に大切にしたのが勤勉と努力の習慣であり、普段から勉強家であろうと努めています。

このように、若い頃から勤勉家だった渋沢は、70歳になり、実業の世界を離れてからも、朝は7時前に起きて来訪者に時間の許す限り面会しています。「1日ぐらい休んでも」となりがちなところを、渋沢は「1日怠けてしまえば最後まで怠けてしまうもの、怠けていて好結果が生まれるなど決してない」と、日々の習慣を崩すことはありませんでした。

人は習慣で行動します。何事かを成し遂げたいのなら、早くから「良き習慣」を身につけ、それを守り続ける努力が欠かせないのです。

WORDS OF EIICHI SHIBUSAWA

40

謙譲も行きすぎると卑屈になる

謙譲と卑屈とはややもすれば誤解されやすいから、これを混同してはならない。

▼『経済と道徳』

「謙譲の美徳」とは、「人を立てて自分は出しゃばらない行為」と言われますが、謙譲も行きすぎると「卑屈」になるというのが、渋沢栄一の考えです。

渋沢によると、当時の青年に見られた「謙譲する者はバカだ」とばかりに利己主義に走り、早く世に知られようと自己宣伝をすることは、謙譲の美徳を傷つける行為であり、慎むべき行為でした。しかし、かといって「必要な場合にも知っていることを押し隠して、どこまでも知らぬ風を装うがごときは、謙譲の読み違いであって、むしろ卑屈の部に属し、忌むべきことである」という注意もしています。

当時も今も、日本には謙譲とか謙遜の文化が根強くありますが、そこには良い面も悪い面もあります。「適度な謙譲や謙遜」は相手を尊重し、謙虚に学ぶという姿勢になり、成長につながりますが、行きすぎてしまうと、肝心の時でさえ引いてばかりいる姿勢になり、せっかくのチャンスを逃し、相手から「卑屈な奴」「情けない奴」と見られることにもなりかねません。

普段は出しゃばらなくとも、必要な場合には自分の信ずるところをはっきりと口にし、行動を起こすことこそが「真の謙譲」と渋沢は言うのです。

WORDS OF EIICHI SHIBUSAWA

41

「孝行」は親がさせてくれるもの

子どもに孝行させるのではない。親が孝行できるようにしてやるべきだ。

▼『論語と算盤』

渋沢栄一は、親に対する「孝」が当たり前の時代に育ちながら、「孝行は親がさせてくれて初めて子どもができるもの。子どもが孝行をするのではなく、親が子に孝行させるのである」という考え方の持ち主でした。

渋沢は農家に生まれながら、10代で武士になることを決意、23歳で天下国家のために家を出る決意をして、死さえも覚悟していました。そんな渋沢を、父親は「私の希望から言えば、いつまでもお前を手元に置いて、私の言う通りにさせたい。しかし、それではかえってお前を親不孝にしてしまうから、今後はお前を私から自由にし、思う通りにさせたい」と言って送り出しています。

無理に押しとどめれば、恐らく渋沢は親に反抗したり、勝手に家を飛び出したかもしれませんが、父親がそう言って送り出してくれたお陰で、自分のやりたいことをやり、日本のために多大な貢献をすることができたのです(↓P179)。

親にとって、これほどの親孝行はありません。やがて子を持った渋沢は、子どもに「私の思い通りになれ」と強制することはなく、思い通りにならないから親不孝な子どもだとは思わないようにしたといいます。

WORDS OF EIICHI SHIBUSAWA 42

力量に加えて人間性を磨き続けろ

人は才能や力量ばかりでは永く人を心服せしむることはできない。人に忍びざる心ありて、同情に富む人がよく人に懐《なつ》かれて、永久に尊敬せられるのである。

▼『渋沢栄一訓言集』

「世界のホームラン王」と言われた王貞治が、多くの野球選手から尊敬され続けるのは、圧倒的な記録ももちろんのことですが、それ以上に現役時代から人並みはずれた努力を重ねたことや、野球に対する強い情熱を持ち続けたことが挙げられます。

そんな王を心の底から尊敬していたからこそ、第1回WBCで、イチローは「世界の王選手を世界の王監督にしたい」と思い、初優勝へ奮闘することができたのです。「選手としての凄《すご》さだけではなく、人間性が加味されることによって、王さんという存在は別格になるんです」がイチローの王に対する評価です。

人はどれほどお金を持っていても、どれほど権力を持っていても、それだけで人から尊敬されるわけではありません。

渋沢栄一によると、才能や力量だけでの尊敬は長くは続かず、そこに人の不幸を見過ごせない心や思いやりの心が加わってこそ、人は永久に尊敬される存在となるのです。

企業などで頭角を現す人のほとんどは、それなりの知識や経験を持ち、実績も上げているはずですが、そこに優れた人間力が加わって、初めて本物のリーダーになれ、部下の尊敬を得られるのです。

WORDS OF EIICHI SHIBUSAWA

43

普段から「非常時」に備えよ

咄嗟《とっさ》の事変に処するには、
あらかじめこれに処する
修養を積まねばならない。

▼『渋沢栄一訓言集』

何か問題が起きると、「これは想定内だ」とか「想定外だ」とか言われます。

想定外、つまり「思いもよらないこと」に落ち着いて対処するためには、想定内、つまり「思いのよること」に関して万全の準備をしていることが必要だと、第一次南極越冬隊の隊長を務めた西堀栄三郎は言いました。

誰もやったことのないことへの挑戦には当然リスクが伴い、思いもよらないことも次々と起こるはずですが、西堀によると「思いのよること」について、考えられることのすべてを日頃から準備していれば、「思いもよらないこと」が起こった時も、驚きながらも落ち着いて対処できるというのです。

渋沢栄一も、日本で初めてのことに挑戦しただけに、思いもよらないことや、非常の出来事をたくさん経験しています。そんな時、「これは初めてだから」と慌ててしまっては、問題は大きくなるだけです。「咄嗟の事変に処するには、あらかじめこれに処する修養を積まねばならない」は、渋沢にとって、難事を乗り越えるための心得だったのです。

普段から、できることすべてをどれだけきちんと準備できているかが非常時への対処を左右するのです。

WORDS OF EIICHI SHIBUSAWA 44

「一部」を見て「全体」が分かった気になるな

とかく人は一局部に不如意のことがあれば、全体を善からぬものとする弊《へい》がある。

▼『渋沢栄一訓言集』

「最近の若い奴はなっていない」と言う人がいます。決めつけです。こう言う人たちがどれほどの若者を知っているのかというと、知っているのはほんの一握りで、テレビやネットのニュースで見た「若者とは」を鵜呑みにしているケースがほとんどです。

私たちは、とかくごく一部だけを見て全体の印象を持ってしまうということがよくありますが、渋沢栄一は日本とアメリカの関係や、日本と中国の関係が悪化しつつあった時代に「民間外交」に努め、お互いが持つ相手への憎悪や軽蔑の念などを解消しようと尽力しました。

お互いにごく一部の悪い面しか知らなければ、印象は悪くなる一方ですが、国民と国民がさまざまな機会を通して理解することができれば、悪い印象も変えていくことができるというのが渋沢の考え方でした。

70歳をすぎてからの渡米は、渋沢にとって「死んだ気になって行く」ほどの覚悟が必要なものでしたが、こうした人と人の出会いを重視することで、渋沢はお互いの国の関係を少しでも良いものにしようと努力し続けたのです。

「ごく一部」を見て「全体」を分かった気になるほど恐ろしいことはないのです。

WORDS OF EIICHI SHIBUSAWA

45

「晩節」を汚すな、評価は「晩年」で決まる

人の生涯をして価値あらしむるは、一にかかりてその晩年にある。若い時に欠点のあった人でも、晩年が美しければ、その人の価値は上がるものである。

▼『渋沢栄一訓言集』

人間の一生は、どの時期が大事で、どの時期は軽んじて良いというものではありませんが、渋沢栄一は「余は晩年が最も大切であると思う」と言っています。

渋沢の本にも登場するジョン・ロックフェラーは、週給5ドルの店員から身を起こし、アメリカの石油精製業の93%を独占するほどの企業をつくり上げ、米国史上最も莫大な富を築いた人です。

その人生は2つに分かれます。前半生は「潰し屋」「追いはぎ貴族」と呼ばれながら莫大な富を築きますが、後半生は大学や研究所の設立などにその富を惜しみなく注ぎ込んでいます。それは「金《かね》、金、金」の生活から来るストレスで死に瀕《ひん》するほどの病気になったことが原因でしたが、お陰でロックフェラーは悪評から一転、人々の感謝の中で98歳まで生きることができました。

一代で大企業をつくり上げながら、晩年はたちの悪いワンマン経営者となって、企業そのものまで危うくし、「晩節を汚す」経営者もいます。かと思えば、ホンダの創業者・本田宗一郎のように、引き際の美しさで今も尊敬され続ける経営者もいます。

人間にとって、「晩年」はその人の価値を決めるものなのかもしれません。

WORDS OF EIICHI SHIBUSAWA

46

「名誉」には責任が伴うという自覚を

その責任を尽くさなければ、
名誉はかえって不名誉となり、
尊敬はかえって軽蔑を受くるのもととなる。

▼『渋沢栄一訓言集』

成功の証《あかし》として、多くの人が思い浮かべるのは「お金」「地位」「名誉」ですが、お金も地位も手にした人が、最後に望むのが名誉と言われています。

競輪の世界で何度も賞金王になったアスリートが、「なぜ賞金の出ないオリンピックを目指すのか？」と聞かれ、口にしたのが「金ではなく、名誉が欲しいからだ」という言葉です。それほどに「名誉」は多くの人が希求するものなのです。

渋沢栄一は地位も名誉も手にした人ですが、同時に「名誉には責任が伴う」という自覚を持っていました。こう言っています。

「社会から良き待遇を受ければ、それだけ己の責任を自覚しなければならない。その責任を尽くさなければ、名誉はかえって不名誉となり、尊敬はかえって軽蔑を受くるのもととなる」

「名誉と責任は、なお糾《あざな》える縄のごときものである。名誉を名誉たらしむるは、すなわち責任を重んずるにある」

世の中には、功成り名を遂げてたくさんの名誉職的な肩書を持つ人がいますが、時に問題の原因となったり、問題から逃げることで晩節を汚す人もいます。名誉には責任があり、責任を果たすからこそ尊敬を集めることができるのです。

WORDS OF EIICHI SHIBUSAWA

47

大事の判断は、「自分」を脇において考えよ

ある人は自分の損得を後回しにして、そのことについて最善の方法を考える。
またある人は自分の損得を第一に考える。

▼『富と幸せを生む知恵』

「命もいらず、名もいらず、官位も金もいらぬ人は始末に困るものなり。この始末に困る人ならでは、艱難《かんなん》を共にして国家の大事は成し得られぬなり」とは、西郷隆盛の言葉です。

これは、国家の大業を成し遂げるうえでは「自分のため」になるかならないかなどは度外視して、「自分を捨てる覚悟」で事に臨む必要があるという意味ですが、日々の仕事においても、成功する人には「私心がない」のに対し、失敗する人には「私心がある」と言われます。

渋沢によると、事に当たって判断する際、ある人は自分の損得を第一に考え、またある人は自分の損得を後回しにして考えるといいます。誰でも自分のことがかわいいものですが、あまりに「自分のため」が強すぎると、間違った判断をしてしまうのに対し、自分を脇において事の成就を一途に考えると、やるべきことが正しく見えてくるものです。

「事に臨んでは『是非・得失・道理不道理』をよくよく考えて、それが自分のためにはならないが、道理にも適い、国家社会の利益になるなら、断固自分を捨てて道理のあるところに従う」というのが、渋沢の生き方でした。

WORDS OF EIICHI SHIBUSAWA 48

大きな決断は熟慮の上に熟慮を

道理に合いそうに見えることでも、非道理の点はなかろうかと、右からも左からも考えるが良い。

▼『渋沢百訓』

大きな決断には覚悟が必要です。

京都セラミック（現・京セラ）の創業者・稲盛和夫は１９８４年、電電公社（現・ＮＴＴ）に対抗して第二電電（現・ＫＤＤＩ）の設立を決断しました。通信の自由化を実現するためのものでしたが、それは誰が見ても無謀と言える参入でした。

稲盛は、自分の本心を確かめようと、毎晩ベッドに入る前に「動機善なりや、私心なかりしか」と、約半年もの間、自問自答したうえで「動機には一点の曇りもない」ことを確信、国民の利益のためにと、設立を決断しています。

大きな決断には、こうした熟慮が欠かせないというのが渋沢の考え方でした。

決断に際し、渋沢は①道理に適うか、②国家社会の利益となるか、③自己のためになるか―を考察、是非・得失・道理不道理を考査探究したうえで決断を下しました。それだけでは足らず、道理に合っているように見えることでも、不道理の点はないかと右からも左からも考え、一点の曇りもないという確信が持てて初めて決断をし、そこから一気に突き進むというのが渋沢のやり方でした。

それほどの熟慮があるからこそ、いざ実行に移ってからは、少々の困難にも負けずやり通すことができたのです。

WORDS OF EIICHI SHIBUSAWA

第五章

「学び」は、生涯実践してこそ価値を持つ

WORDS OF EIICHI SHIBUSAWA

49

「学び」は、生涯実践してこそ価値を持つ

実践に結びつけるための学びは、生涯学んで初めて満足できるレベルとなる。

▼『論語と算盤』

人は、頭の中で「ああしよう、こうしよう」とたくさんのことを考えますが、そのすべてを言葉にはしません。

さらに、言ったことのすべてを実行するかというと、もちろんそうではありません。人は考えたこと、口にしたことの何分の一かしか実行できないものです。

あるいは、本を読んだり、講演などを聞いた時、「あっ、これは知っている」という話に出会うことがよくあります。たいていの人は「知っているからいいや」となりますが、この時、「やっているか?」と自問自答して、「はい」と答えられる人はどれだけいるでしょうか?


人はたくさんの本を読み、学び、多くのことを知ってはいますが、どれだけ実行できているかというと、途端に怪しくなるのも人の常と言えます。

渋沢栄一は普段から、勉強家であろうと勤めていました。1日も職務を怠ることなく、勉学にも励みましたが、それでも渋沢によると、どれだけ知識があっても、それを活用しなければ何の役にも立たないと言い切っています。

大切なのは「勉強したことを実践に結びつける」ことであり、その修業は「生涯学んで初めて満足できるレベル」となるのです。

WORDS OF EIICHI SHIBUSAWA

50

「学び」次第で賢者にも愚者にもなる

賢者も愚者も、生まれたては同じようなもの。しかし、学問をしないことによってたどり着く先が異なってしまう。

▼『論語と算盤』

「特別な才能とか、生まれついての能力があるという理論は誤っている」とは、心理学者アルフレッド・アドラーの言葉です。生まれつきの才能ですべてが決まるというわけではないのです。

では、いったい、人はどこで差がついてくるのでしょうか？　渋沢栄一は、生まれて間もない頃は同じようなものだが、その後の学問への取り組みによって、年とともに差が生まれ、ある者は賢者となり、ある者は愚者になってしまうと考察していました。

渋沢自身、農家の生まれながら5歳の頃から、子どもたちに生き方の知恵や教えを説いた「三字経《さんじきょう》」を習い始め、14歳ぐらいで家業の手伝いを本格的に始めるまでには四書五経をはじめとする多くの書物を学んだことがその後の人生の支えとなっています。

もっとも、渋沢は書物を読むことだけが学問とは考えていません。日々の生活の中でも「学ぶ心がけ」さえあれば、いくらでも学ぶことができるので、大人になってからも学ぶ心がけを失わず、勉強を続けるかどうかで、人は賢者にもなれるし、愚者にもなるというのが渋沢の考え方でした。

WORDS OF EIICHI SHIBUSAWA

51

「志」に「言行」が伴ってこそ信頼できる

信ずべき人と、信ずべからざる人とを
区分するの標準は、
志と言と行いとの
三拍子揃った人なるや否やを観察するにある。

▼『渋沢栄一訓言集』

「顔立ちや格好の良い人を見て、「あの人は良い人だなあ」と感じる人もいれば、弁舌さわやかで、社交上手な人を見て「この人はとても良い人だ」と感じる人もいます。

たしかに好意を持つか持たないかは「見た目」でも「人あたり」でも良いのですが、ではその人が本当に「信頼できる人」かどうかとなると違う基準が必要になってきます。

渋沢栄一は、信頼できる人かどうかを見極めるには「志」「言」「行い」の３つが揃っているかどうかを観察しなければならないと言います。

世の中には「言葉の巧みな人」がいますが、その言葉が信用できるとは限りません。口先だけで中身の伴わない人はいくらでもいます。では、立派な志を持ち、それを上手に語ることのできる人はどうでしょうか？　渋沢はそれでもダメだと言います。いくら立派な志を持っていて言葉にしたとしても、それを行動に移すことができなければ何の意味もありません。人間は「志」や「言」を持っているだけで満足していてはダメなのです。

大切なのは「志」や「言葉」に「行動」が伴い、３つが揃って初めて「信頼に足る人」と言うことができるのです。

WORDS OF EIICHI SHIBUSAWA

52

上手に語る人より「動き出す」人になれ

商工業を盛大にしなければいかぬという（中略）政治家、学者などもたくさんあったであろうが、そういう人々は自ら商売人に成りもせぬ、また成れもしなかった。

▼『渋沢百訓』

トヨタには「診断士ではなく治療士になれ」という言葉があります。生産現場を診断して問題を指摘しても、問題を改善しなければ意味がないという意味です。物事は、批評するとか理想を語るだけではダメで、それを成し遂げて、初めて世の中に貢献したと言えるのです。

渋沢栄一が役人を辞した明治初めの頃は、官職に比べて商工業を一段下に見る傾向が強くあっただけに、理想を語る人はいても、「やってみよう」と言う人はとても少ないものでした。官職を辞するにあたり、渋沢はこう言っています。

「学問があるとか、気力があるとか、知恵があるとか、そのほか一芸一能ある者は、みな官職に就くという傾向になって、民間に人物が少しもいない。だから上下のつり合いがとれず、国家の実力を発展させることができない。このため自分は明日、辞表を提出する決心である」

将来を嘱望《しょくぼう》される中で、官から民へ転出するというのは、常識的には考えられないことでしたが、渋沢にはみんながやらないなら、自分がやってみせるという強い決意がありました。大切なのは、理想を上手に語ることではなく、現実にやってみせることです。実行こそが世の中を動かし、変えていくのです。

WORDS OF EIICHI SHIBUSAWA 53

成功に必要なのは「勇気」だ

いかに人に智能の卓越したものがあっても、これを実地の問題に当てはめ、その智能を働かせるに、勇気の助勢がなければ多くは成就せぬものである。

▼『渋沢百訓』

クラスの中で、卒業後に最も成功したのは誰かを調べたところ、最も勉強ができた者でもなく、最も人気があった者でもなく、最も実行力に優れた者だったという調査を見たことがあります。

世の中には、やるべきことが分かっているのに、肝心の一歩を踏み出せない人がいます。失敗への恐怖からです。

ましてや新しいことや、経験のないことへの挑戦は、成功が約束されているわけではありません。むしろ失敗の恐れの方が大きいだけに、その一歩を踏み出す「勇気」が必要になります。だからこそ、成功に必要なのは「才能」に加え「勇気」の助けが必要となるのです。

渋沢栄一によると、人が「これをやらなければ」と頭では分かりつつも、行動に移せない原因の1つは「勇気の欠乏」となります。特に、渋沢が取り組んでいた実業の世界では、当時は今とは比べものにならないほど苦労が多く、失敗することも多かっただけに、特に勇気が必要で、勇気に欠ける人は「処世上の飢者《きしゃ》に等しい」ものだったのです。

もちろん、勇気と言っても、後先を顧みない蛮勇は困りますが、新しい何かを生み出すことができるのは、知恵に勇気が加わった人だけなのです。

WORDS OF EIICHI SHIBUSAWA 54

「悪いこと」はせず、「善いこと」をせよ

人は消極的に悪事をなさぬというだけでは物足らないのである。積極的に多く善事をなさねば、人たる価値はない。

▼『渋沢栄一訓言集』

心理学者のアルフレッド・アドラーが、こんな例を挙げています。

老人が雑踏で足を滑らせて倒れ、立ち上がれませんでした。ようやくある人が助け起こしたのを見て、この様子を見ていた1人の紳士が「とうとう立派な人が現れました」と、その人を称賛したのです。しかし、この紳士の行為は間違っています。助けを求める人がいても、ただ見ているだけではダメだというのがアドラーの論評です。

親は子どもに「悪いことをしてはいけません」とは教えますが、「悪いことをしないだけでなく、善いことをしなさい」とはあまり教えません。渋沢栄一は、これではダメだと考えていました。世間には「自分に限り悪事をせぬ」と胸を張る人がいますが、一方で「善事もしない」のでは、世の中が良くなることはありません。

世の中をより良いものに変えていくためには、悪いことをしないのは最低限のルールとして欠かせませんが、「あとは何もしない」という消極的な態度をとることなく、「世のため人のため」に善いことをどんどん行うことが大切なのです。

「真正の進歩は善悪共に行い得る人が、ただ善事のみを行うところにある」と、渋沢は指摘するのです。

WORDS OF EIICHI SHIBUSAWA

55

よく考えろ、しかし考えすぎるな

すべて世の中の事は、三思してもなお足らず、十思百慮を要することもあれば、また再思の要だになく、ただちに実行せねばならない事もある。

▼『渋沢栄一訓言集』

人生は決断の連続であり、決断の結果がその後の人生に影響するだけに、決断はとても難しいものです。

渋沢栄一は、例えば事業を興すにあたっては、別項（↓P19）で触れたように4つのポイントを基準にして、よくよく考えることを勧めています。さらに「これは正しいことだ」と決めてからも「本当に善なるか、問題はないか」と重ねて考えたうえで決断を行い、決めてからは一気呵成《かせい》に進みなさい、というのが渋沢の勧めです（↓P117）。

とはいえ、「よく考える」が時に優柔不断になることもあるだけに、注意が肝要です。「考えます」とは言ったものの、失敗を恐れてずるずると結論を引き延ばすうちに、せっかくのチャンスを逃してしまうこともよくあります。

時には、渋沢が言うように二度考えることもなく、即断即決をしなければならない時もあり、そこを間違えて「よく考えるべき時に考えず、すぐに決断すべき時に考えすぎてしまう」という失敗をしないようにすることが大切になります。

人生は決断の連続です。ここは「よく考える」べきか、「すぐに行動する」べきかの決断も、決して間違えてはならない決断なのです。

WORDS OF EIICHI SHIBUSAWA 56

日頃から運を迎え入れる準備をせよ

（運命が）たとえ事前に定まっていたとしても、自分で努力してその運を開拓していかないと、決してこれをつかむことはできない。

▼『論語と算盤』

トヨタは1950年に倒産の危機に追い込まれますが、社長が交代した直後に朝鮮戦争が起こり、赤字を一気に解消するほどの好況となって救われました。

新社長の石田退三は、最初は「あんな会社の社長になって運が悪い」と言われましたが、しばらくして「運が良い」と言われるようになりました。しかし、石田は、「運というのも、ツキというのも、単なる偶然ではない。いつでもそれを迎え入れられる体制が整えられていての運である」と、日頃の準備があったからこそ運を迎え入れられたことを強調しました。

渋沢栄一の人生は、石田とは比べものにならないほど激しいものでしたが、にもかかわらず渋沢は運命を恨むことなく、自力で自らの運命を切り拓いています。

どんな幸運が目の前に訪れたとしても、それを掴む準備や心構えができていなければ、幸運はあっという間に逃げ去ってしまいます。幸運の女神に、後髪はないのです。運の10分の1や2くらいなら初めから定まっていたとしても、自分で努力してその運を開拓していかないと、決して掴むことはできない、というのが渋沢の考え方でした。

運を掴むにも準備が必要なのです。

WORDS OF EIICHI SHIBUSAWA

57

忍耐せよ、「チャンス」はやがて来る

チャンスが来るのを気長に待つということも、世の中を渡っていくうえでは必要不可欠なことだ。

▼『論語と算盤』

計画を実行に移して、すぐに理想通りの成果が上がればこれほど嬉しいことはないのですが、現実には何度も試行錯誤を繰り返して、ようやくうまくいくというケースがほとんどです。

渋沢栄一が手がけた事業の中には、日本初のものが多く、最初は赤字続きで長い我慢を強いられたものも少なくありません。日本に民間初の造船所・石川島平野造船所（現・IHI）が誕生したのは1876年のことですが、最初に手がけた軍艦である「鳥海」が竣工《しゅんこう》したのはそれから10年余り後のことです。

その間、渋沢栄一は銀行を通じて何度も支援を行ったほか、個人としても資金を提供するなど、まさに産みの苦しみを味わっています。こうした経験を通し、渋沢は「世の中の仕事は力こぶばかりでゆくものではない。堅忍持久の力を養って、次第に進まねばならない」という考えを強くすることになりました。

人が世の中を渡っていくためには、目標に向かって邁進《まいしん》することも不可欠ですが、時に「成り行きを広く眺めつつ、気長にチャンスが来るのを待つ」ことも必要なのです。目的通りに事が運ばないかららと焦るのではなく、勇を鼓《こ》して忍耐してこそうまくいくこともあるのです。

WORDS OF
EIICHI SHIBUSAWA

第六章

現実に流されず高く「理想」を掲げよ

WORDS OF EIICHI SHIBUSAWA 58

現実に流されず
高く「理想」を掲げよ

およそ目的には、理想が伴わねばならない。
その理想を実現するのが人の務めである。

▼『渋沢栄一訓言集』

ビジネスにおける目標の掲げ方は2つあります。1つは、少し頑張れば手の届きそうな目標を掲げるやり方、もう1つは、できるかどうかは分からないものの、是非やってみたい目標を掲げるやり方です。

達成率だけを追うなら前者で良いのですが、後者は仮に100%はできないまでも、前者のような目標を掲げた時よりもはるかに高みに到達できるし、挑戦した自分も成長することができます。

「目的には理想が伴わねばならない」というのが渋沢栄一の考え方です。幕末期にパリ万国博覧会使節団に随行し、産業を活発にすることの大切さを実感した渋沢は、商売人や実業家の地位が低く、十分な産業も育っていなかった日本に銀行をつくり、その資本を使って幾多の産業を育てるという、あまりに無謀、あまりに壮大な目標に向かって邁進《まいしん》しています。

渋沢は、生きることとは理想を求めることであり、その理想を実現することこそ人間としての務めであると考えていました。何の目的も持たず、成り行き任せに生きるのは論外として、人として生まれた以上、現実に押し流されず、高い理想を掲げ、その理想のために生きるというのはとても大切なことなのです。

WORDS OF EIICHI SHIBUSAWA

59

「立志」は世の風潮に流されるな

熟慮考察を経ずして、ちょっとした世間の景気に乗じ、うかと志を立てて駆けだすような者がよくあるけれども、これでは到底末の遂げられるものではない。

▼『渋沢百訓』

渋沢栄一が「武士になりたい」という志を立てたのは17歳の時ですが、その後、役人などを経て実業界に転じるのは1873年、30代半ばのことです。

渋沢によると、10代の頃に武士ではなく商工業で生きていくという志を立てていれば、「現在の渋沢以上の渋沢を見出されるようになったかもしれない」と振り返っています。

それほどに「立志」というのは難しいものです。渋沢によると、志を立てるにあたっては、「自己の頭脳を冷静にし、自分の長所とする所、短所とする所を精細に比較考察し、最も長ずるところに向かって志を定める」ことが必要であり、「これなら一生やり通せる」となって、初めて志を立てられるというのです。

最もいけないのは、世の中の風潮に流され、「あっ、あの仕事良いな」「あれ、楽して儲かりそうだな」と、向き不向きも考えずに走りだすことで、そんなことでは志を最後まで貫くのは難しいと、渋沢は断じています。

ソフトバンクの創業者・孫正義は起業にあたり、何をビジネスとするか1年間かけて考え抜いていますが、大いなる成功には、それほどの熟慮考察が必要なのです。

WORDS OF EIICHI SHIBUSAWA

60

誰にも恥じない生き方を心がけよ

自分の行動は天に恥じず地にも恥じないつもりでいるから、たとえ人から何と言われようと、溜息も出なければ、人をとがめる気もない。

▼『富と幸せを生む知恵』

渋沢栄一の日課は、朝起きて、次々と訪れる面会者と会うところから始まったといわれています。そしてその中には、渋沢にお金の無心をするといった、虫の良い要求をする人たちがいました。さらには、渋沢が精神的支柱とする『論語』の精神に反するような人もいて、時に「渋沢は清濁併《あわ》せ呑《の》む主義だ」とか「正邪善悪の差別を構わぬ男」といった批判が寄せられることもしばしばでした。

渋沢には、権力者や財閥などの知己も多く、「渋沢は官辺と結び、権勢家に請《せい》託《たく》する」と曲解する人もいましたが、渋沢はこうした批判を受け流しました。

渋沢は元々、政治や権力を頼ることはなく、自らの信ずるところに沿って行動しているだけに、どのような非難があろうとも「溜息も出なければ、人をとがめる気もなかった」のです。

人には、外からの批評批判をやたらと気にして自分の行動を変える「他人の評価」に左右される人と、自らの信念に沿って、誰から何を言われようと信じる道を行く「自己評価」で行動できる人がいますが、渋沢はまさに「自己評価」の人だったのです。

日頃から「天にも地にも恥じない行動をしている」という自負あればこそでした。

WORDS OF EIICHI SHIBUSAWA

61

右手に『論語』左手に商売

私は『論語』で一生を貫いてみせる。

▼『論語と算盤』

『論語と算盤』は渋沢栄一の講演をまとめた本ですが、なぜ渋沢は商売と『論語』が共に必要だと考えたのでしょうか？

渋沢は1873年に官僚を辞職して、当時の日本において官僚に比べて一段も二段も低く見られていた商売の世界に入っています。当時、商売には学問はいらないと考える人も多いうえ、欧米の国々からは日本人は信用をあまり重んじないとも見られていました。

ヨーロッパを知る渋沢は、こうした点を早くから危惧していました。明治維新以降、政治や教育、軍備では着々と成果を上げる一方、商売は期待ほどには発展せず、これを振興することなしに日本の発展はない、そのためには優れた人材が商売の世界に入り、尽力しなければならないというのが渋沢の決意でした。

しかし、こうした考えはなかなか理解されず、渋沢も同僚の官僚から「卑しむべき金銭に目がくらんだのか」と非難されます。その際、渋沢は「人間が勤めるべき仕事は至るところにある。官だけが偉いわけではない」として、『論語』を教訓に一生商売をやってみせる、と決心したのです。そこには商売を数段高い所に引き上げ、大いに発展させてみせるという強い覚悟があったのです。

WORDS OF EIICHI SHIBUSAWA

62

「仕事の意味」、「生きる意味」を考えろ

人間は食うために生きているのではなく、
生きているので食うのである。

▼『経済と道徳』

仕事への取り組み方は、そこにどんな意義や価値を見出すかで変わってきます。その有名な例が、ピーター・ドラッカーによる「3人の石切り工」の話です。

石を切り、積み上げるという厳しい仕事をしている3人に「何をしているのか?」と尋ねたところ、答えは三者三様でした。1人目は「暮らしのため」と答え、2人目は石切りの技能を誇り、3人目は「素晴らしい建物をつくるため」と答えました。

同じ作業でも、そこにどんな意義や価値を見出すかで、生き方や考え方は大きく変わってきます。渋沢栄一は幕末から明治維新という激動の時代に青春時代を送っていますが、生きていくこと自体が大変だった時代でありながら「我が国の経済界の発展向上に力を尽くすために生きる」という志を、生涯貫いています。

人は単に「生きるため」「食うため」だけではなく、「身分相応に人類や社会に貢献する」ために生きなければならないというのが渋沢の考え方です。生活に追われると、どうしても「食うために生きる」となりがちですが、どんな仕事でも、その先の人のため、社会のために生きると考えると、仕事の意義は変わり、生きる意味も大きく変わってくるのです。

WORDS OF EIICHI SHIBUSAWA 63

「自分の利益」は後回しにせよ

余の主義は、利己主義でなく公益主義ということができよう。

▼『渋沢百訓』

三菱財閥を築き上げた岩崎弥太郎は、渋沢栄一同様に多くの企業をつくり上げています。ある日、岩崎は渋沢を向島《むこうじま》（東京都墨田区）の料亭に招待して、こんな話を持ちかけています。

「君と僕が堅く手を握り合って経営すれば、日本の実業界を思う通りに動かすことができる。これから2人で大いにやろうではないか」

たしかに、渋沢と岩崎が手を組めば、多くの事業を独占することができますし、当然のように莫大な富も手にすることができます。言わば、強者連合への誘いでした。しかし、渋沢は岩崎と違って「大きな富を独占する」気はありませんでした。渋沢が考えていたのは「いろいろな事業を興して、大勢の人が利益を受けると同時に、国全体も豊かになる」というものでしたが、岩崎の考えは「三菱の利益のために事業を興し、三菱が利益を手にする」ことでした。

渋沢の信念を一言で言えば、「利己主義ではなく公益主義」となります。事業を行うにあたっては、自身の利益は二の次、三の次にして、国家国民の利益を第一に考えるというものです。渋沢も岩崎もすぐれた企業家ですが、利益に対する考え方は大きく違っていました。

WORDS OF EIICHI SHIBUSAWA

64

「金」は残さずとも、「事業」を遺《のこ》す

事業の方は
順序良く発達したとは言えようが、
致富の道に至っては
失敗者たるを免れぬ。

▼『経済と道徳』

渋沢栄一は、役人から実業の世界に転じ、第一国立銀行の創設を皮切りに、500以上の企業の設立に関わっています。これほど多くの企業の設立に関われば、普通は三井や三菱、住友にも負けない財閥になってもおかしくありませんが、最後まで渋沢財閥をつくることはありませんでしたし、渋沢一族が多くの企業を傘下におさめることもありませんでした。

理由は「自分の利益」よりも「国家の利益」「社会の利益」を優先したからであり、時に私財を投じて困難な事業の育成に取り組んでもいます（↓P137）。損得抜きの大義からの投資です。後年、こんな言葉を遺しています。

「私がもし一身一家の富を積もうと考えたら、三井や岩崎にも負けなかったろうよ。これは負け惜しみではないぞ」

たしかに、渋沢が自らの利益を第一に、例えば三菱財閥の岩崎弥太郎と手を組んでいたとすれば（↓P151）、のちの日本の資本主義は今とは違ったものになっていたかもしれません。

結果、渋沢は「致富の道」では「失敗者」でしたが、日本という国の産業の発展に関しては、圧倒的な貢献により、日本を豊かな国にすることに成功したと言うことができます。

WORDS OF EIICHI SHIBUSAWA 65

生涯を国のため世界のために

いかに数字と縁を切っても、人間は死ぬまでは国民としての辞表を出さぬものであって、生存する限りは社会事業に務めねばならぬ。

▼『経済と道徳』

渋沢栄一が生涯をかけて育てた銀行の仕事から退いたのは70代後半のことです。平均寿命が40半ばの頃のことですから、随分長く現役で活躍をしたことになります。

「人生100年時代」と言われる今でさえ、さすがに70歳をすぎるとできることは限られてきますが、渋沢はその後も慈善事業や国際親善に活躍しているというのは驚くばかりです（↓P109）。

そんな渋沢の活動を支えたのが「いかに数字と縁を切っても、人間は死ぬまでは国民としての辞表を出さぬものであって、生存する限りは社会事業に務めねばならぬ」という考え方です。

中でも、徐々に反日的な雰囲気が生まれつつあったアメリカへの訪問は、63歳から4回を数え、最後の訪問は82歳でしたから、当時の旅行の過酷さを考えればさぞ厳しい旅だったと思われますが、国のため、世界のために役に立つならという思いから奔走し続けました。

人はおいしいものを食べ、寝そべって楽をするために長生きをするわけではなく、「国家郷土一家に対して、役に立つように働く」ために長生きをするというのが、渋沢の生涯変わらぬ考え方でした。

WORDS OF EIICHI SHIBUSAWA 66

生涯を懸けて慈善事業に取り組め

肉親の親がなくとも嘆かなくともよい、及ばずながらこの渋沢が親になっていく。

▼『渋沢栄一自伝』

「日本の資本主義の父」と呼ばれる渋沢栄一ですが、それと同等の力を公益事業にも注いでいます。

渋沢は1876年、当時の東京府の知事から養育院の事務長を委嘱《いしょく》され快諾しています。ヨーロッパを知る渋沢は、各国で慈善事業が発達しているのを実見しており、日本においてもこうした公益事業が必要だと感じていたからです。

ところが、当時の日本においては身寄りのない子どもや貧窮者などを救うための施設に対して、「怠け者を養ってやる必要などない」という反対の声が多かったのです。そのため、養育院の設立や運営は決して簡単なことではありませんでしたが、渋沢はこうした反対を押し切って設立にこぎ着けただけでなく、院長として45歳から91歳で亡くなるまで面倒を見続けたのです。89歳の時、東京市養育院の会合でこう挨拶しています。

「ここには親のない子や、身寄りのない子ばかりですが、実際私はこれらの子どもを自分の子どものように思っています。肉親の親がなくとも嘆かなくてもよい、及ばずながらこの渋沢が親になっていく」

渋沢は、企業に注いだのと変わらぬ情熱を、慈善事業にも注ぎ続けたのです。

WORDS OF EIICHI SHIBUSAWA

第七章

人を頼らず自ら「チャンス」を掴み取れ

WORDS OF EIICHI SHIBUSAWA 67

依存しすぎるな、自信が育たなくなる

人に頼ってばかりだと、自分の実力を著しく錆びつかせ、もっとも大切な「自信」が育たなくなってしまう。

▼『論語と算盤』

ある経営者は若い頃、生産現場で改善業務を行っていましたが、最初の頃は自信がなく、その都度上司の部屋に行き、「このような場合、どうしたらいいでしょうか？」と聞いてから業務を行っていました。アイデアは浮かぶのですが、「もし自分の考えだけでやって失敗したら、迷惑をかけてしまう」という気持ちが強すぎたのです。

ところが、ある日、いつものように上司へ相談に行く途中で、「思い切って自分でやってみるか」と思い、来た道を引き返して改善を実行したところうまくいき、以来、たいていのことは自分で考え、

自信を持って自分の責任で行うようになりました。大切なのは「自信」だったのです。

「溌剌《はつらつ》としたチャレンジ精神を養い、それを発揮するためには、本当の意味での自立した人とならなくてはならない」は、渋沢栄一の言葉です。上司が部下に何でも指示をしていると、失敗はないものの、部下から考える力や自立心を奪うことになりかねません。誰かに頼るのは居心地の良いことではありますが、それでは自立心が育たず、いざという時に決断したり行動できなくなってしまいます。

まずはやってみることです。それが自信となり、自立へとつながっていくのです。

WORDS OF EIICHI SHIBUSAWA

68

人を頼らず自ら「チャンス」を掴み取れ

「何かひとつ仕事をしてやろう」とする者は、自分で箸を取らなければダメなのだ。

▼『論語と算盤』

仕事で成果を上げたいのに、チャンスが回ってこないと嘆いている人はいないでしょうか。

仕事で成功したいなら、誰かが教えてくれたり、導いてくれるのを待つのではなく、自分で懸命に勉強し、道を切り開いていくことが必要です。失敗をして、「どうして先に教えてくれなかったんですか」と、先輩や上司に食ってかかったところで、責任の一部は自分自身にあるのです。

仕事において学ぶことは山ほどあったとして、それを誰かが代わりに学び、懇切丁寧に教えてくれることはないのです。


渋沢栄一によると、当時も若い人の中には、「大いに仕事がしたいのに、頼れる人がいない」と嘆く人がいたといいます。

そんな若い人に対し、渋沢は「ご馳走の献立をつくったうえに、それを口に運んでやるほど先輩や世の中は暇ではない」と突き放しています。

大切なのは、「誰かが導いてくれないか」「誰かが教えてくれないか」と「誰か」を頼ることではなく、自ら「箸を取り」学び、チャンスを掴むことなのです。

本当に優秀だという自負があるのなら、他人を頼らず、自分を磨き、自分で道を切り開け、というのが渋沢の考え方です。

WORDS OF EIICHI SHIBUSAWA 69

愚痴を言わず「仕事を引き寄せる力」を養え

「仕事がなくて困る」のなら、
実力をつけて仕事を引き寄せることだ。
他人に不平を言うべきことでなく、
責任は自分の頭上にある。

▼『富と幸せを生む知恵』

せっかく入社した会社を、ほんの数カ月で辞めてしまう若者がいます。理由の1つは「やりたい仕事をさせてもらえない」「仕事らしい仕事を与えられない」といった不満ですが、こうした不満は渋沢栄一の時代にもありました。

渋沢はたくさんの会社を興し、たくさんの若者を使ってきましたが、こうした不平不満を口にする若者について調べたところ、ある共通点に気付きました。それは「やるべき仕事がなくて困る」と不平を言う若者に限って、「人が与えてくれないというよりも、自分に仕事を引き寄せる能力がない」ということです。

「仕事がない」若者は、実際には仕事があっても、小さな仕事や意に沿わない仕事ではやる気にならず、それが不平不満につながっています。対して「仕事がある」若者は、どんな些細な仕事にも懸命に取り組むため、あたかも磁石のように仕事を引き寄せるのです。つまり、「仕事がない」は、「仕事をしたくない」か「仕事を与えられる力がない」のどちらかだというのが、渋沢の見立てです。

本当にできる人は、仕事がないと言う代わりに、できること、して良いことを次々と見つけて実行します。それが成長へとつながるのです。

WORDS OF EIICHI SHIBUSAWA 70

就職は「学び」のスタートラインである

学校において学んだところの事柄は、ただちに用のないものである。

▼『渋沢百訓』

「大学が教えるのは過去のことばかり」とは、ホンダの創業者・本田宗一郎の言葉です。本田は「どこを出たか」よりも「何をやりたいか」「何を成し遂げたか」をとても大切にした経営者です。

渋沢栄一も、当時の若者に対して、「学校において学んだところの事柄は、ただちに用のないものである」と厳しい言葉を投げかけたうえで、実業界に出て重要な地位を得て、大きな仕事をするまでには、「多年の経験と耐忍を要するという覚悟が必要だ」と説いていました。

若者の中には、企業に就職するとすぐに「やりたい仕事」「大きな仕事」ができると期待する人が少なくありません。そして、それができないとか、そこまでには長い年月が必要だと知ると、さっさと退職して、「すぐに」やりたいことができそうな会社を探す傾向があります。

当時と今では社会環境が違うため、一概には言えませんが、渋沢はそのような若者に、「悲望を抱かず希望を持ち、品格を高尚に保ち、高潔なる精神を持って、よく忍耐して練磨の功を積む」ことの大切さを説いていました。

学校で学んだことがムダというわけではありませんが、大切なのは社会に出て何を学び、何を成し遂げるかです。

WORDS OF EIICHI SHIBUSAWA 71

「空想」に逃げず、「理想」にくじけるな

理想と空想とは間違いやすいから、
決して空想に走らず、
遠大の理想を立てて
これに向かって勇往邁進すべきである。

▼『経済と道徳』

「空想」と「理想」とは違います。

「空想」が現実にはあり得ないことを想像するのに対し、「理想」は人が心に描く「かくありたい」と願う最善の目標や状態と言えるのではないでしょうか。

もちろん「空想」が100年、200年の時を経て現実のものになるということはありますが、今を生きる若者にとって、「空想」と「理想」を間違えてはいけないと渋沢栄一は言っています。

人間に理想がなかったら、それはただ「生きんがために働いている」だけになるだけに、「高遠な理想」を掲げるのはとても大切なことです。しかし、それが実現不可能な絵空事、つまり「空想」に走ってしまっては、目標として成立しなくなってしまいます。

大切なのは、今は遠くともしっかりと「理想」を掲げることです。当然、理想と現実との間にはギャップがあり、思うようにいかないことも多々あるわけですが、そんな時にも「決して失望落胆することなく、さらに一層の勇気を奮い起こして事に当たる覚悟がなくてはならない」というのが渋沢の考え方です。空想に逃げず、理想にくじけずに前進し続けることで、人は理想に着実に近づくことができるのです。

WORDS OF EIICHI SHIBUSAWA

72

「人は見た目が9割」を意識せよ

「志」の善悪よりも、「振舞い」の善悪の方が人目につきやすい。

▼『論語と算盤』

「人は表紙を見て、本を買うかどうか決めるだろう」と、若き日のスティーブ・ジョブズへ、アップルの立ち上げに関わったマイク・マークラはアドバイスしました。どんなに中身が優れたコンピュータをつくったとしても、外観が不恰好な製品を、ヒッピー同然の汚らしい格好のジョブズから薦められても、人は買おうとはしない、という意味です。

以来、ジョブズは自分の外見も含め、デザイン性の高い製品づくりにこだわるようになります。

「外見か中身か」という問に、渋沢栄一は「志」と「振舞い」を例に、こう説いています。渋沢によると、志がいかに良いものであっても、振舞いが鈍くさく、わがまま勝手だとどうにもなりませんが、志が多少曲がっていたとしても、その振舞いが機敏で忠実、人目につきやすい人は成功しやすい、というのです。

そんな人を見て、「お天道様は正しいのか?」と嘆く人もいますが、たしかに「振舞い」の善悪の方が人目につくし、成功につながりやすいのです。

志と振舞いのどちらも立派なら一番良いのですが、「志さえ良ければ」と振舞いを無視していては、志を貫くのが時に困難になることにも気付くべきなのです。

WORDS OF EIICHI SHIBUSAWA

73

青壮年は老年者の経験に学べ

老年者には未来がない代わり、
幾多の実際の経験を積んでいる。

▼『経済と道徳』

歴史家の磯田道史《みちふみ》によると、地震や津波のような大きな災害が起きると、人はしばしば「未曽有《みぞう》の」とか「過去に例のない」といった言い方をしがちですが、古文書を読み解くと、実際にはその場所で同じようなことが数百年前にも起きているということがよくあるといいます。「歴史に学ぶ」というのは、今を読み解く力になるというのが磯田の考え方です。

渋沢栄一は、活力の最も旺盛な青年や壮年に大いに期待していましたが、その一方で老年者への尊敬の念を欠いてはならないとも考えていました。

理由は、青年や壮年には未来があるのに対し、逆に未来がない老年者には、青年や壮年にはない人生の経験があり、それらは必ずや生きた教訓となるからです。その教訓を尊重し、活かすかどうかで、未来はより良いものとなるかどうかが変わってくるのです。

今の時代、ネットを使えば過去についてたくさん学ぶことはできますが、単なる文字と生きた経験とには大きな違いがあります。

老年者の経験に学び、その経験を生かすことが、過去に学びながら未来を切り開いていく力となるのです。

WORDS OF EIICHI SHIBUSAWA

第八章

「逆境」は時を待ち くじけず乗り越えよ

WORDS OF EIICHI SHIBUSAWA 74

「逆境」はできることに集中して時機を待て

「人にはどうしようもない逆境」に対処する場合には、天命に身を委ね、腰を据えて来たるべき運命を待ちながら、コツコツと挫けず勉強するのがよいのだ。

▼『論語と算盤』

逆境に陥った時には、その原因を探り、「人がつくった逆境」なのか、「人にはどうしようもない逆境」なのかを見極めるというのが渋沢栄一の対処法（↓P179）ですが、では次にどうすれば良いのでしょうか？

「人のつくった逆境」の場合は、そのほとんどが自分がやったことの結果だけに、真摯《しんし》に反省して悪い点を改めるよう努力することになります。それをせずに運任せにしたり、不幸を恨むだけだと、かえって状況を悪化させてしまいます。

一方、「人にはどうしようもない逆境」の場合は、「自分の運命」だと覚悟を決め、現状に耐えて、自分の守備範囲を守りながら、腰を据えて次に備え、くじけることなくコツコツと勉強するべきだと渋沢は助言しています。

ところが、世の中には「自分にはどうしようもない逆境」でさえ、「これは自分がつくり上げたものだ」と誤解して、ある種の悪あがきをする人がいます。これでは、無駄に苦労の種を増やし、逆境の中で疲れ切って、明日をどうするかさえ考えられなくなります。「自分にできることは何か？」「できないことは何か？」をしっかりと見極めることが大切です。人には「時を待つ」ことも必要なのです。

WORDS OF EIICHI SHIBUSAWA 75

「逆境」は2つに分けて考えよ

逆境に立たされる人は、その生じる原因を探り、「人がつくった逆境」であるのか、「人にはどうしようもない逆境」であるのかを区別すべきである。

▼『論語と算盤』

渋沢栄一の人生は、①尊王攘夷の志士として活動した時期、②一橋家の家臣となった時期、③幕臣としてフランスに渡った時期、④明治政府の官僚時代、⑤実業家・篤志《とくし》家となった時期―の5つに分けることができます。まさに波乱万丈、逆境の連続です。

　特に、フランス滞在中に、徳川慶喜が大政奉還を行ったため、帰国を命ぜられた渋沢には、頼るべき幕府がもうなかったという経験をしています。この時期、渋沢はフランスで懸命に仕事をし、西洋の知識や技術も学んでいますが（→P141）、社会が大きく変わったことで「逆境の人」になってしまったのです。

　もちろん、渋沢1人ではなく、多くの人が時代の流れの中で逆境に置かれることとなったのですが、この経験を通して、渋沢は逆境に陥った時、考えるべきは逆境の生じた原因を探り、「これは人のつくった逆境か、それとも人にはどうしようもない逆境なのか」を見極めることだと断言しています。

　逆境に陥ると、慌てふためいて動きすぎたり、早々に諦めたりする人もいますが、まずやるべきは、自分にコントロールできるものは何か、できないものは何かを見極めることなのです。

WORDS OF EIICHI SHIBUSAWA

76

「功名心」は大切だが囚われるな

功名心は大切だが、
間違えると人を誤らせる原因になる。
功名心には、
常に「道理」が伴わなければならない。

▼『富と幸せを生む知恵』

人はみな成功を望むものです。渋沢栄一はこうしたある種の「功名心」は人生に欠かせないものと考えていました。

「人生とは、功名心と切り離せないものであって、これをなくしたら人間は最後には無味乾燥、自暴自棄に陥ってしまう」ほど、「功名心があるからこそ人は努力するし、発奮する気持ちも生まれる」というのが渋沢の考えです。

しかし、その一方で、功名心は時に人をだましたり陥れたりしてでも成功したいという悪行を生み出す恐れもあるだけに、注意が必要だとも説いています。

なぜ、功名心が悪行につながるのでしょうか？　理由は、多くの人が成功者を見る時、最終結果には強い関心を持っても、そこに至る努力の日々を見落としてしまうからです。

成功者を見ると、人は「成功」という結果ばかりに幻惑され、「自分もああなりたい」と、安易に「結果」だけを追い求めるようになります。それが失敗を招き、悪行を引き起こすことがあるのです。悪いのは功名心ではなく、功名心に浮かれて正しい判断力を失うことなのです。

成功に至る努力の日々を支えるものが社会のために生きるという「道理が伴った功名心」なのです。

WORDS OF EIICHI SHIBUSAWA 77

禍《わざわい》の種は「得意の時期」に蒔《ま》かれる

人の禍は
多くは得意になっている時代にやってくる。

▼『富と幸せを生む生き方』

アメリカの第45代大統領ドナルド・トランプは、ニューヨーク・マンハッタンの不動産開発で若くして成功してマスコミの寵児《ちょうじ》となり、「触れるものすべてを黄金に変える」ギリシア神話のミダス王に例えられたことさえあります。

ところが、やがてトランプは「退屈になり、ボールから目を離すようになった」のです。うぬぼれて市場の動きから目を離し、かつてほど一生懸命に働かなくなってしまい、時代の変化に気づかず手痛い失敗を経験しました。

人が本当に危ないのは「得意の時」であるというのが渋沢栄一の考え方でした。

失意の時には、人は誰でも落胆しますが、反省もします。しかし、得意の時にはどうしても調子に乗り、「自分には何でもできる」とばかりにあれこれ手を広げたり、さほど関心のないことにまで関わりを持とうとするものです。禍の種が生まれるのは、実はこの時なのです。

渋沢はこう忠告します。

「調子が良いからといって気を許さず、失意の時だからといって落胆せず、平常心を持って道理を踏み通す心構えが必要である」

誰にとっても、最も怖いのは「慢心の時期」なのです。

WORDS OF EIICHI SHIBUSAWA 78

夢中の時こそ立ち止まり
周りを見渡せ

人の考えというのは
ある方向ばかりめぐらすと、
もう一方はおろそかになるものだ。

▼『渋沢栄一自伝』

黒船来航（1853年）や桜田門外の変（1860年）など、渋沢栄一が若い頃には、日本を揺るがす事件が相次いだだけに、渋沢のような若者が「このままで良いのか」と焦りを覚えたのは当然のことでした。

渋沢は、幼い頃に「四書五経」に親しみ、剣術の稽古にも熱心に取り組んでいました。23歳で、江戸に4カ月遊学しています。渋沢家は、農民身分でありながら、名字帯刀を許されており、気持ちは尊王攘夷の志士に近いものがありました。

ここで問題が生じます。渋沢家は養蚕や藍染の原料の販売も手がけた豪農であり、20代の渋沢が本腰を入れるべきは家業なのに、一旦、憂国の志士を気取って「大きなことをやる」と思い込んでしまうと、つい本業がおろそかになってしまうのです。本末転倒です。

しかし、渋沢の憂国の思いが止まることはなく、父親から勘当を受けた体裁をとって、江戸、そして京へと出ていきます。当時を振り返って、渋沢は「自分は親不孝な子であったと、今さらながら後悔にたえません」と振り返っています。

人の考えは、ある方向にばかりめぐらすと、他がおろそかになります。時には立ち止まり、周りを見渡すことも大切です。

WORDS OF EIICHI SHIBUSAWA 79

健全な危機感を持って日々を過ごせ

今日順境にあるがゆえに、
明日もまたしかりと思うことなかれ。
今日幸福なるがゆえに
明日もまたしかりと思うことなかれ。

▼『渋沢栄一訓言集』

人生では、世の中の景色が一夜にして変わるということが起こります。東日本大震災や、新型コロナウイルスなどを経験すると、今まで当たり前と思っていたことが決してそうではないことを知り、「二度と同じ景色には戻れないのでは？」という不安に駆られることがあります。

渋沢栄一は、フランス滞在中に大政奉還が行われ、自分が望んでなった武士の社会が一夜にして崩壊するという経験をしています（↓P179）。渋沢自身は、早くから幕府の状況はひどく困難であり、「遅かれ早かれ大きな政変があるに違いない」と考えていたので、フランスでその報道に接した時、すぐに信用することができましたが、他の随行者たちは「嘘の話だろう」と一向に信じようとしませんでした。そこに、帰国してから慌てふためく人たちと、フランスで多くのことを学び、帰国後に生かすことができた渋沢との違いがあったとも言えます。

今日順境にあるからといって、明日も平穏無事な日がやって来るとは限りません。順境に胡坐《あぐら》をかいて進歩を怠ると、ただ置き去りにされるだけです。逆境にあっては、何とか向上を図ろうと努める人もいますが、順境にあっても日々反省し、向上に努めることが大切なのです。

WORDS OF EIICHI SHIBUSAWA

80

「成功・失敗」より道理を踏んで生きよ

成功・不成功は必ずしも
人間行為の「標準」ではない。
人間として一時も忘れてならないことは、
行為の善悪なのだ。

▼『富と幸せを生む知恵』

「成功や失敗というのは、結局、心を込めて努力した人の身体に残る糟《かす》のようなものだ」という渋沢栄一の言葉（↓P79）を聞くと、誰もが望む「成功」に、渋沢がそれほどのこだわりを見せていないことが分かります。

もちろん「成功なんかしなくても良い」と言っているわけではありません。しかし、成功以上に大切なのは「誠実に、ひたすらに努力する」ことであり、その結果として成功したら「知恵をうまく活かせた」と思えば良いし、失敗したとしても「自分の知恵が及ばなかった」と考えれば良いと渋沢は考えていました。

ところが、世の中には「成功すること」や「お金持ちになること」に夢中になり、手段を問わない人がいます。渋沢は、正直に商売して儲けたお金と、賭博まがいで儲けたお金とを同一視して、どちらも「成功者」と称えるのは大きな間違いだとして、「道理を踏んでやったことならば、失敗しても後悔はしない。不条理なことをして成功しても、それは真の成功ではないから、良心は決して満足しない」と断じています。

成功か失敗かという結果よりも、道理に外れない生き方こそが大切だというのが、渋沢の生涯変わらぬ信念でした。

「渋沢栄一」参考文献

『現代語訳論語と算盤』渋沢栄一著、守屋淳訳、ちくま新書
『渋沢栄一訓言集』渋沢栄一著、渋沢青淵記念財団竜門社編、国書刊行会
『現代語訳渋沢栄一自伝　「論語と算盤」を道標として』渋沢栄一著、守屋淳編訳、平凡社新書
『経済と道徳』渋沢栄一著、徳間書店
『渋沢百訓　論語・人生・経営』渋沢栄一著、角川ソフィア文庫
『富と幸せを生む知恵』渋沢栄一著、実業之日本社文庫
『渋沢栄一100の訓言』渋澤健著、日経ビジネス人文庫
『小説渋沢栄一』津本陽著、幻冬舎文庫
『小説古河市兵衛』永野芳宣著、中央公論新社
『20世紀日本の経済人』日本経済新聞社編、日経ビジネス人文庫

桑原《くわばら》 晃弥《てるや》

1956年、広島県生まれ。経済・経営ジャーナリスト。慶應義塾大学卒。業界紙記者などを経てフリージャーナリストとして独立。トヨタ式の普及で有名な若松義人氏の会社の顧問として、トヨタ式の実践現場や、大野耐一氏直系のトヨタマンを幅広く取材、トヨタ式の書籍やテキストなどの制作を主導した。一方でスティーブ・ジョブズやジェフ・ベゾスなどのIT企業の創業者や、本田宗一郎、松下幸之助など成功した起業家の研究をライフワークとし、人材育成から成功法まで鋭い発信を続けている。著書に『人間関係の悩みを消すアドラーの言葉』『自分を活かし成果を出すドラッカーの言葉』（ともにリベラル社）、『スティーブ・ジョブズ名語録』（PHP研究所）、『トヨタ式「すぐやる人」になれるすごい仕事術』（笠倉出版社）、『ウォーレン・バフェット巨富を生み出す7つの法則』（朝日新聞出版）、『トヨタ式5W1H思考』（KADOKAWA）、『1分間アドラー』（SBクリエイティブ）、『amazonの哲学』（大和文庫）などがある。

イラスト　田渕正敏
デザイン　宮下ヨシヲ（サイフォン グラフィカ）
校正　土井明弘
編集　安田卓馬（リベラル社）
編集人　伊藤光恵（リベラル社）
営業　津村卓（リベラル社）
制作・営業コーディネーター　仲野進（リベラル社）

編集部　渡辺靖子・堀友香・山田吉之
営業部　津田滋春・廣田修・青木ちはる・澤順二・大野勝司・竹本健志

逆境を乗り越える 渋沢栄一の言葉

2020年 9月26日　初版発行
2024年10月11日　7版発行

著　者　桑原　晃弥
発行者　隅田　直樹
発行所　株式会社 リベラル社
〒460-0008　名古屋市中区栄3-7-9　新鏡栄ビル8F
TEL 052-261-9101　FAX 052-261-9134
http://liberalsya.com
発　売　株式会社 星雲社（共同出版社・流通責任出版社）
〒112-0005　東京都文京区水道1-3-30
TEL 03-3868-3275
印刷・製本所　株式会社 シナノパブリッシングプレス

 ISBN978-4-434-27938-6　C0034
　319004